Bernhard Uhle

Die Wallückebahn

Verlag Uhle & Kleimann

© 1987. Verlag Uhle & Kleimann, Postfach 15 43, D-4990 Lübbecke 1.
Sämtliche Arten der Wiedergabe, Vervielfältigungen und Übersetzungen - auch auszugsweise - vorbehalten.
Satz und Druck: Uhle & Kleimann, Lübbecke

ISBN 3-922657-62-1

Unsere Broschüre über die Wallückebahn haben wir in drei Auflagen herausgebracht. Sie bestand aus der Reklameschrift, die der »Georgs-Marien-Bergwerks- und Hütten-Verein« (GMBHV) zur Betriebseröffnung als Reklame- und Erinnerungsschrift verteilte, und einem kleinen Anhang mit Fotos und erklärendem Text, der von Auflage zu Auflage erweitert wurde.

Jetzt haben wir die Broschüre zu diesem kleinen Buch erweitert, weil das Textmaterial und die Fotos sich seit dem letzten Druck der Broschüre so angehäuft hatten, und auch der Wunsch nach einer umfassenderen Information über diese interessante Kleinbahn in der Spurweite von 60 cm immer lauter wurde.

Die Erzlagerstätten im Wiehengebirge waren bereits seit Jahrhunderten bekannt. Aber erst die modernen Fördermethoden und der große Bedarf an Erzen durch den industriellen Aufschwung in Deutschland brachten die Fundstellen im 19. Jahrhundert wieder in Erinnerung. Nachteilig war der hohe Schwefelgehalt und der mit nur gut 25% geringe Eisenerzgehalt des Gesteins. Als 1890 die Erzmenge der Felder westlich der Porta Westfalica auf 11 Millionen Tonnen geschätzt wurde, erwarb ein Jahr später die Georgsmarienhütte (bei Osnabrück) die Abbaurechte.

Nun mußte man die Transportprobleme zur Hütte lösen. Eine ursprünglich geplante Seilbahn von der Wallücke (auf dem Kamm des Wiehengebirges bei Bergkirchen gelegen) nach Löhne zur Verladung in die Eisenbahn kam wegen der großen Entfernung nicht infrage.

Im Jahr 1894 begannen die Planungen für eine schmalspurige Eisenbahn von der Wallücke im Wiehengebirge an die Eisenbahnstrecke Minden – Löhne – Osnabrück (–Georgsmarienhütte). Der ursprüngliche Plan, die Bahn in einer Spurweite von 600 mm zum Bahnhof Löhne zu bauen, mußte schon bald fallengelassen werden, da die Überquerung der Werre in Löhne hohe Brückenbaukosten verursacht hätte, zum anderen befand sich eine Erweiterung des Bahnhofs Löhne in der Planung, die mit umfangreichen Baumaßnahmen in den nächsten Jahren vollzogen werden sollte. Der geplante vierspurige Ausbau der Staatsbahnstrecke Minden – Hamm und die damit verbundenen langen Bauarbeiten war der Grund, warum Bad Oeynhausen auch nicht in die Planung als Endpunkt der Erzbahn einbezogen wurde. Dazu kam hier ebenfalls die Überquerung der Werre. Da bot sich der damals kleine Ort Kirchlengern mit seinem Bahnhof geradezu an. Hier gab es keine Einschränkungen seitens der »Königlich Preußischen Eisenbahn-Verwaltung« (KPEV) wegen geplanter Bahnhofsausbauten, keine Flußüberquerungen, und man sparte hier einige Tarifkilometer für die Fracht auf der Staatsbahn.

Bevor man die endgültige Linienführung von Kirchlengern aus fand, gab es zwei Projekte, die nicht zur Ausführung kamen, einmal über Häver und Tengern/Schnathorst (14,9 km) und dann über Uhlenburg, Halstern und Wulferdingsen (15,2 km) zur Wallücke.

Nach diesen ersten eigenen Plänen des GMBHV wurde Anfang 1895 der „Civilingenieur" und Regierungsbaumeister a. D. Taaks aus Hannover mit der Planung der „Grubenbahn" beauftragt. Da die beteiligten Kreise Herford, Lübbecke und Minden die später ausgeführte Linienführung wünschten und dafür materielle Hilfe anboten, waren weitere Planungen unnötig. Außerdem schlugen die Kommunen vor, die Bahn als öffentliche Eisenbahn zu bauen. Dieser Wunsch kam der Georgsmarienhütte entgegen, die die Einnahmen aus dem Personen-, Stückgut- und Postverkehr gern zur Minderung des zu erwartenden Fehlbetrages verwenden wollte.

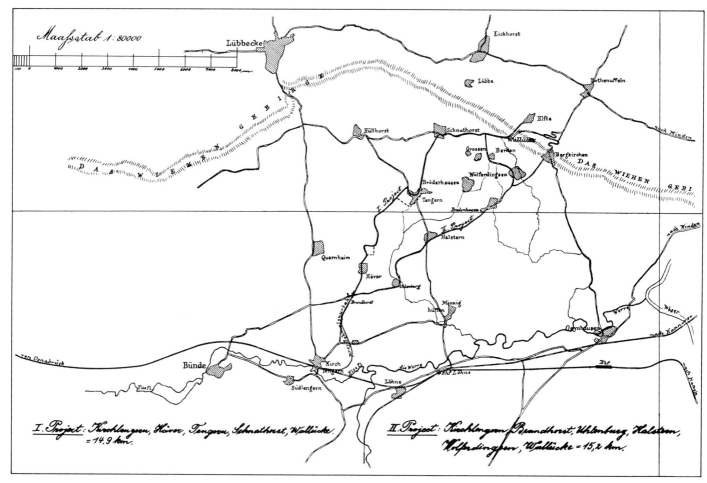

Die ersten beiden Streckenführungen kamen über das Planungsstadium nicht hinaus. Staatsarchiv Osnabrück

Ingenieur Taaks ging bei der Wirtschaftlichkeitsberechnung von 35.000 Fahrgästen im Jahr aus. Das war die fünffache Summe der angenommenen Benutzer (siehe Tabelle mit den Angaben aus dem Jahre 1896); ein Wert, der in der damaligen Zeit allgemein als Grundlage für Berechnungen bei Eisenbahnplanungen benutzt wurde.

Ort	Einwohner	erwartete Benutzer
Kirchlengern	1.300	325
Obernbeck	1.400	700
Ellerbusch	400	200
Löhne	1.800	450
Mennighüffen	2.700	2.700
Tengern	800	800
Schnathorst	650	650
Oberlübbe	1.000	500
Ahlsen	400	200
Holsen	600	300
Bröderhausen	300	150
Büttendorf	400	100
Bergkirchen	150	75
Zusammen	11.900	7.150

Man erwartete nach diesen Berechnungen Einnahmen aus dem Personenverkehr in Höhe von etwa 12.000,-Mark, aus dem Güterverkehr wurden rund 43.000,- Mark erhofft, und der Betriebsüberschuß sollte sich auf 14.000,-Mark bei einem Kapitaleinsatz von 490.000,- Mark belaufen.

In einer Aufsichtsratssitzung des Georgs-Marien-Bergwerks- und Hütten-Vereins am 30. Juli 1895 wurde beschlossen, bezüglich der Wallückebahn die Wünsche der drei Kreise zu berücksichtigen und eine Bahn des öffentlichen Verkehrs in der Spurweite von 60 cm zu bauen. Die Konzession sollte beantragt werden.

Am 6. Januar 1896 erteilte der Regierungspräsident in Minden die Genehmigung zum Bau und Betrieb der Wallückebahn für 30 Jahre, die am 5. Juni des gleichen Jahres auf 50 Jahre erweitert wurde.

Der GMBHV schloß mit den einzelnen Gemeinden und Kreisen jeweils separate Verträge ab, die alle persönlich von Direktor A. Haarmann unterzeichnet wurden. Haarmann nahm auch großen Einfluß auf die Art der Anlagen und die Ausrüstung der Fahrzeuge. Er selbst konnte in die Wallückebahn eigene Konstruktionen und Erfindungen einbringen und ausprobieren. Ungewöhnlich für eine 60-cm-Bahn war auch die Ausrüstung der Fahrzeuge mit einer Westinghouse-Luftdruckbremse!

Am 20. Februar 1896 erhielt die Georgsmarienhütte durch „Allerhöchste Kabinettsordre" das Enteignungsrecht. Das war inzwischen wichtig geworden, da Einsprüche den Bahnbau verhindern wollten. Es hatten Widerspruch eingelegt:

Kolon Windhorst, Mennighüffen
Kaiserlicher Oberpostdirektor, Minden
Kolon Homburg, Obernbeck
Kolon Meyer, Obernbeck
Kolon Vette, Obernbeck
Kolon Detert, Obernbeck
Superintendent Schmalenbach, Mennighüffen
Gastwirt Brinker, Ostscheidt
Gemeinde Oberlübbe
Müller Rosenthal, Oberlübbe
Müller Eickelmann, Oberlübbe
Kolon Beermann, Oberlübbe

Die Post hatte Einspruch wegen der großen Nähe des Schienenverkehrs vor dem Gebäude und der damit ver-

Am 11. Januar 1896 druckte das »Amtsblatt der Königlichen Regierung zu Minden« die Genehmigungs-Urkunde ab, die am 6. Januar vom Regierungspräsidenten v. Arnstedt unterzeichnet worden war.

bundenen Gefährdung der Postkunden in Mennighüffen erhoben.

Der Superintendent Schmalenbach hatte – als Schulaufsichtsbeamter – in der Hauptsache wegen der Gefährdung der Kinder auf ihrem Weg zur Schule (die Bahn sollte ja in Nord-Süd-Richtung mitten durch den Ort fahren, der bekanntlich ebenfalls lang an dieser Straße verläuft), aber auch wegen des Zugverkehrs in der Nähe der Kirchhöfe, Einspruch eingelegt.

Anfang 1897 waren die Erdarbeiten weitgehend abgeschlossen. Lediglich an drei Stellen waren größere Erdbewegungen notwendig gewesen: In Tengern und Schnathorst mußten Dämme angelegt werden, und vor der Endstation Wallücke mußte ein tiefer Einschnitt ausgehoben werden.

Von Kirchlengern führte die Strecke in östlicher Richtung am Haltepunkt Obernbeck vorbei zur Kreuzung Steinstraße/Lübbecker Straße, hier zweigte das Gleis in Richtung Löhne nach Süden ab. Dieses Gleis wurde als Spitzkehre betrieben (d. h. die Lokomotive drückte den Zug rückwärts zurück mit dem Schaffner auf der letzten Plattform zur Sicherung) und endete kurz vor der Werrebrücke. Hier war noch ein Abstellgleis. Vom Abzweig nach Löhne an benutzte die Wallückebahn die Straße nach Lübbecke in nördlicher Richtung. Erste Haltestelle an dieser Straße war „Haus Beck" mit einem Ladegleis; weiter ging es dann über Mennighüffen, Holzbrede (Bedarfshaltestelle), Westscheidt – manchmal auch Westscheid geschrieben (Ladegleis, Güterschuppen, später eine Brückenwaage zusätzlich), Halstern (Ladegleis, Güterschuppen), Tengern (Ladegleis), Schnathorst (Ladegleis, Güterschuppen), von hier wieder in östlicher Richtung und an der Straße entlang über den Haltepunkt Struckhof zur Endstation Wallücke. An diesem höchsten Punkt der Bahn wurden die Züge von einem Sturzgerüst beladen.

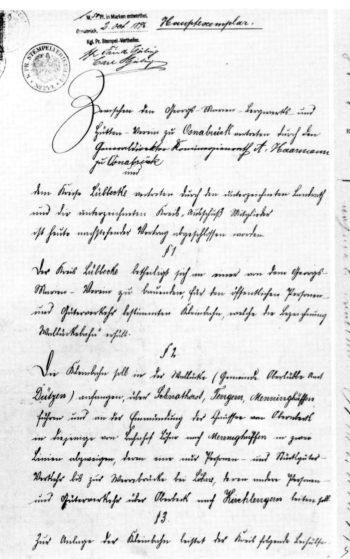

Vertrag zwischen dem GMBHV und dem Kreis Lübbecke.
Kreisarchiv Herford

Handschriftliche Einladung an den Aufsichtsratsvorsitzenden zur Bahneröffnung.
Staatsarchiv Osnabrück

In Kirchlengern wurden die Erzwagen der Wallückebahn auf eine Rampe gedrückt, und das Erz durch die Seiten-Entladewagen in die unter der Rampe stehenden Staatsbahn-Güterwagen abgestürzt. Der Bahnhof der Wallückebahn befand sich nordöstlich des Staatsbahnhofs. In Kirchlengern befand sich auch die Werkstatt und die Verwaltung der Wallückebahn.

Die Eröffnung der Bahn erfolgte am 1. Oktober 1897, am 25. September machte man die Einweihungsfahrt mit den entsprechenden Feierlichkeiten für geladene Ehrengäste und selbstverständlich einer Fahrt für die Honoratioren. Die »Herforder Zeitung« berichtete darüber folgendermaßen:

„*Gestern fand hier die feierliche Eröffnung der vom GMBHV erbauten Wallücke-Bahn statt. Geradezu malerisch war zu diesem Zwecke die hiesige Kleinbahnstation ausgeschmückt, wo die zahlreich erschienenen Teilnehmer unter den Klängen einer Bergkapelle von Herrn Kommerzienrat Haarmann und von den ersten Beamten des sogenannten Vereins empfangen wurden. Nach einem kleinen Imbiß bestiegen die Gäste, unter denen wir Vertreter des Kgl. Oberbergamtes, der Kgl. Eisenbahndirektionen zu Hannover, Münster und Essen, der Kgl. Regierung zu Minden und Osnabrück, eine größere Zahl Kgl. Landräte aus den Provinzen Westfalen und Hannover, städtische und ländliche Gemeindebehörden, Reichs- und Landtagsabgeordnete und Vorstände Deutscher Straßen- und Eisenbahn-Verwaltungen bemerkten, den aus Lokomotive, Gepäckwagen, einem offenen Güterwagen für die Musik, drei Personenwagen und einen zum Aussichtswagen verwandelten unbedeckten Güterwagen bestehenden Zug, welcher alsdann munter in der höchst zulässigen Geschwindigkeit von 25 km pro Stunde losdampfte.*
Durch Flaggen, Ehrenpforten und Laubgewinde hatten die volkreichen Ortschaften, welche die Bahn berührt, dem neuen Verkehrsmittel an vielen Stellen freudige Zeichen des Willkommens errichtet. Nachdem auf dem Endbahnhof die Verladungsanlagen besichtigt und die Rückfahrt bis zu dem Gute Haus Beck angetreten war, vereinte sich hier die aus über 70 Personen bestehende Gesellschaft in einem geräumigen Zelte zum fröhlichen Festmahle, das in sehr gehobener Stimmung verlief.
Die Reihe der Trinksprüche eröffnete seine Exzellenz Herr Wirklicher Geheimer Rat v. Oheimb mit einem Hoch auf den Kaiser."

Die Eingeladenen erhielten auch die auf den nächsten Seiten abgedruckte Werbeschrift.

Das Festmenü bestand aus nachstehenden Speisen:
Wallücker Brühe
Werre-Forellen mit Obernbecker Butter
Schnathorster Feldhühner mit Mennighüffer Sauerkraut
Tengerner Kalbsrücken mit Westscheidter Salat
Halsterner Eingemachtes
Schmalspur-Pudding
Grubenkäse

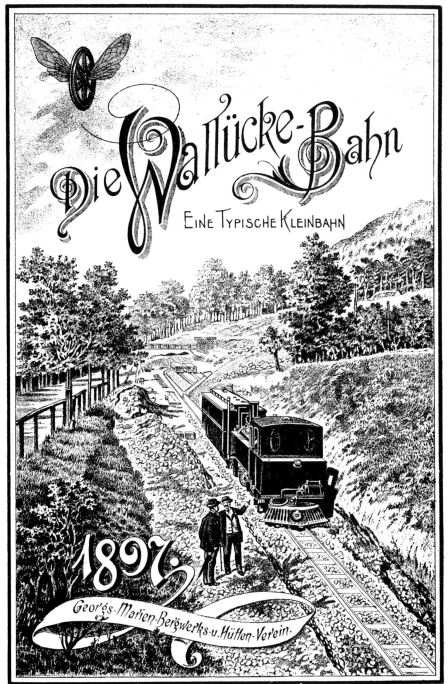

Vorwort.

Die in diesem Heftchen enthaltene Beschreibung der soeben im Bau vollendeten Wallückebahn verfolgt vorwiegend den Zweck, deren Besuchern schon im voraus einen Ueberblick darüber zu verschaffen, in welcher Weise diese eigenartige Kleinbahn den ihr gestellten Aufgaben gerecht zu werden verspricht. Demjenigen, welcher sich für bestimmte Einzelheiten in der technischen Ausgestaltung dieser nach neuen Gesichtspunkten hergestellten Kleinbahn von 600 mm Spurweite interessirt, werden die vorliegenden Ausführungen als Wegweiser willkommen sein.

Von der Erörterung der in Bezug auf das Eisenbahn-Gleis so überaus wichtigen Materialfrage ist Abstand genommen worden, weil in anderen Veröffentlichungen des Georgs-Marien-Bergwerks- & Hütten-Vereins diesem Gegenstand bereits gebührende Würdigung zu Theil geworden ist. Auch ist jetzt die Erkenntniß, daß für die einer Beanspruchung auf Verschleiß unterliegenden Schienen der sich durch verhältnißmäßig hohe Festigkeit, Dichtigkeit, Härte und Gleichmäßigkeit auszeichnende Bessemerstahl den Vorzug vor im basischen Konverter hergestelltem Stahl verdient, auf Grund vielseitiger Erfahrungen eine so allgemeine geworden, daß man sich auch in Kleinbahnkreisen dieser Wahrheit nicht mehr verschließen kann.

Sollten die folgenden Darlegungen dem Kleinbahnwesen und insbesondere der schmalspurigen solid gebauten Kleinbahn neue Freunde gewinnen, so wäre damit sein Zweck erreicht.

Osnabrück, im August 1897.

Mitte September d. J. soll die schon vor ihrer Erbauung durch das Haarmann'sche Kleinbahnbuch*) in Fachkreisen bekannt gewordene Wallückebahn**) dem öffentlichen Verkehr übergeben werden.

Der Georgs-Marien-Bergwerks- und Hütten-Verein hat mit dieser Bahn eine in mehrfacher, namentlich aber in technischer Beziehung eigenartige Anlage geschaffen, welche für manches zur Zeit in der Schwebe befindliche oder noch schlummernde Kleinbahn-projekt vorbildlich zu wirken berufen sein dürfte. Es lohnt sich daher, den allgemeinen Verhältnissen und technischen Einrichtungen der Bahn die nachstehenden Erörterungen zu widmen.

1. Allgemeines.

Die Wallückebahn verdankt ihre Entstehung dem Umstande, daß der Georgs-Marien-Verein, welcher im östlichen Theile des an der Weser bei der Porta Westfalica auslaufenden Wiehengebirges Thoneisensteinlager besitzt, sich vor der Aufgabe sah, geeignete Einrichtungen zu treffen für den Transport der Erze zu den Hochöfen in Georgs-Marien-Hütte.

Das Mitte 1894 in Angriff genommene erste Projekt einer Bahnverbindung der Portagruben mit der preußischen Staatsbahn-strecke Minden-Rheine befaßte sich ausschließlich mit dem Plane einer nicht dem öffentlichen Verkehr dienenden Bergwerksbahn. Die Bearbeitung dieses Projekts ergab als zweckmäßigsten Ausgangs-punkt der Bahn einen tiefen Sattel im Zuge des östlichen Wiehen-gebirges, etwa 10 Kilometer westlich von der Porta unweit der Ort-schaft Bergkirchen, die sogenannte Wallücke, welche auch der Bahn ihren Namen gegeben hat, und als günstigste Anschlußstation an die Hauptbahn die Station Kirchlengern.

---

*) Haarmann. Die Kleinbahnen; ihre geschichtliche Entwickelung, technische Ausgestaltung u. wirthschaftliche Bedeutung. Berlin, Siemenroth & Troschel, 1896.
**) Zeitschr. für Kleinbahnen 1895 S. 400 und 1897 S. 44/45.

Bei der Einleitung der Grunderwerbs-Verhandlungen traten dann die Landräthe der Kreise Herford und Lübbecke mit der Anregung an den Georgs-Marien-Verein heran, an Stelle der geplanten Bergwerksbahn eine schmalspurige Kleinbahn zu bauen, welche gleichzeitig für die betheiligte Gegend der Vermittelung des öffentlichen Güter- und Personenverkehrs dienstbar gemacht werden könne.*)

Während für die Bergwerks-Förderbahn zwei verschiedene, in ihren Anfangs- und Endstrecken zusammenfallende Linien

1) Wallücke-Schnathorst-Tengern-Häver-Kirchlengern = 14,9 km und

2) Wallücke-Wulferdingsen-Halstern-Uhlenburg-Brandhorst-Kirchlengern = 15,2 km — vergl. nebenstehendes Uebersichtskärtchen (Fig. 1) — ohne Rücksicht auf die Verkehrsverhältnisse der berührten Ortschaften, lediglich in Bezug auf ihre technischen Vorzüge in Vergleich gestellt worden waren, mußten nunmehr vor Allem die Anforderungen des öffentlichen Verkehrs in Betracht gezogen und die auch für diesen zweckmäßigste Linienführung ermittelt werden. Der Kreisausschuß des Kreises Herford, der auf Betreiben des Landrathes Dr. von Borries der Verallgemeinerung der Bergwerksbahn zu einer Kleinbahn am lebhaftesten sein Interesse widmete, machte zunächst verschiedene Vorschläge. Bei der geringen Breite der Chaussee von nicht viel mehr als 7,5 m sei es nicht wohl angängig, längere Strecken der Bahn auf die Chaussee zu verlegen, sondern es sei für das Gleis außerhalb der Baumreihen ein vom Kreise für die Dauer der Konzession zur Verfügung zu stellender Geländestreifen zu benutzen. Der Verein konnte zwar sowohl aus technischen als auch aus wirthschaftlichen Gründen nicht gänzlich auf die Straßenbenutzung verzichten, und auch der Kreisausschuß theilte diese Auffassung. Die Ertheilung der Erlaubniß zur Benutzung der öffentlichen Wege seitens der Kreise Herford und Lübbecke erscheint um so gerechtfertigter, als ein erheblicher Theil des vorher auf den Straßen vorhandenen Verkehrs jetzt der Kleinbahn zufällt, der verbleibende Straßenverkehr also voraussichtlich ein geringerer wird, und infolgedessen auch eine Verminderung der Straßenunterhaltungskosten durch die Bahn zu erwarten ist. Dennoch wurde die Straßenbenutzung schließlich auf das unumgänglich Nothwendige eingeschränkt, schon weil die vielfach für unmittelbare Anschmiegung der Bahnlinie an den vorhandenen Straßenzug zu steilen

---

*) Haarmann. A. a. O. Vorwort S. IV.

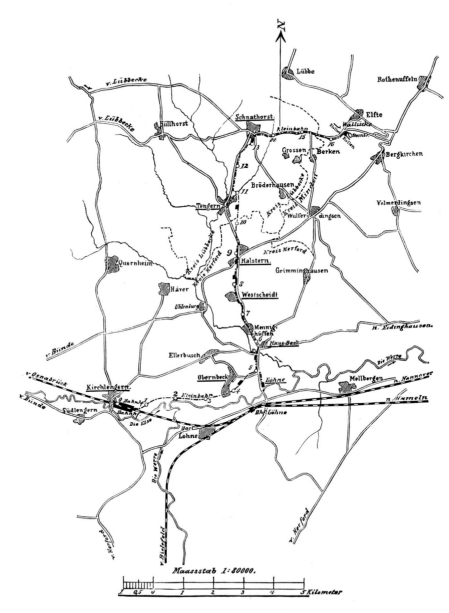

Fig. 1. Uebersichtskärtchen.

Steigungen und zu scharfen Krümmungen es geboten erscheinen ließen, eine zu weit gehende Chausseebenutzung sorgfältigst zu vermeiden.

Aehnlich wie bei dem Kreise Herford gestaltete sich auch der Lauf der Verhandlungen bei dem zweiten von der Kleinbahn berührten Kreise Lübbecke.

Das Ergebniß der mit beiden Kreisen geführten Verhandlungen war folgendes:

1) Hergabe des Geländes auf freier Strecke gegen Gewinnbetheiligung,
2) Hergabe des Geländes neben der Chaussee, wo diese ursprünglich benutzt werden sollte, ohne Gewinnbetheiligung,
3) unentgeltliche Straßenbenutzung, soweit diese noch erforderlich,
4) Beihülfe zu den Transportkosten für Bettungs- und Oberbaumaterialien.

Im Ganzen beläuft sich die Betheiligung der beiden Kreise an dem Baukapital von ℳ 490 000

für den Kreis Herford auf . . . ℳ 64 500.—
" " " Lübbecke " . . . " 18 000.—
zusammen also auf ℳ 82 500.—

Als Entgelt für diese Leistungen ist den Kreisen außer der Gewinnbetheiligung ein angemessener Einfluß auf den Tarif, die Fahrplangestaltung und die Verwaltung zugesichert; auch wurde der Bau einer Zweiglinie für Personen- und Frachtverkehr bis zur Werrebrücke vor Station Löhne zugestanden.

Der Kreis Minden erklärte sich erst nach langen Verhandlungen zur Hergabe der Kreischaussee auf einer kurzen Strecke bereit.

Schon während aller dieser Verhandlungen ließ der Georgs-Marien-Verein die nöthigen Vermessungen und Erhebungen vornehmen, welche als beste Kleinbahnlinie schließlich folgende ergaben: Kirchlengern—Obernbeck—Haus Beck—Mennighüffen—Westscheidt—Halstern—Tengern—Schnathorst—Wallücke; dazu von Haus Beck die Zweiglinie nach Löhne (Werrebrücke), zusammen 17,220 km. Diese ganze Linie liegt im Regierungsbezirk Minden und zwar mit 10,940 km im Kreise Herford, mit 5,510 km im Kreise Lübbecke und mit 0,770 km im Kreise Minden — vergl. das Uebersichtskärtchen auf S. 5.

Für die erste Theilstrecke Kirchlengern—Obernbeck, welche ursprünglich auf der Chaussee verlaufen sollte, ist schließlich eine eigene Trace mitten durch das Gelände zwischen der Hauptbahnstrecke Kirchlengern—Löhne und einem nördlich vorgelagerten Höhenrücken gewählt worden, weil sich nicht nur die Verbindung hierdurch kürzer gestaltete, sondern auch, weil so die Bahn auf dieser rund 5 km langen Strecke industriell verwerthbare Plätze mit Ziegeleien, Kies= und Sandgruben, Sägemühlen ꝛc. berührt; auch wurde dadurch als weiterer Vortheil eine Verkürzung der Zweigstrecke nach Löhne bis zur Werrebrücke um 1 km erreicht.

Für den öffentlichen Güterverkehr sind die großen Ziegeleien unweit Schnathorst und Tengern von einiger Bedeutung, die zusammen jährlich etwa 3 300 000 Ziegelsteine (ungerechnet Falzziegel, Röhren und Klinkerplatten) herstellen und etwa 150 Doppellader Kohle verbrauchen; eine neue Ziegelei siedelt sich in Obernbeck an. Ferner kommen in der Nähe der Wallücke Thonlager, Ziegeleien und ausgedehnte Steinbrüche in Betracht, welche letzteren bis zu 500 Doppellader Eisenbahnschotter und Straßenbaumaterial jährlich abzusetzen vermögen. Auch die Tabaksindustrie der übrigens vorwiegend Landwirthschaft betreibenden Gegend verdient Erwähnung, indem einzelne Fabriken in Hüllhorst und Löhne 15 bezw. 40 Millionen Zigarren jährlich herstellen. Die hauptsächlichsten Massengüter für den Verkehr der Wallückebahn werden indeß vorläufig aus dem Betrieb der Zeche Porta gewonnen, welche durch eine tägliche Förderung von vorläufig 80 t, später von 300 t und den entsprechenden Bezug von Kohle in Rückfracht überhaupt erst einen geregelten Güterverkehr ermöglicht.

Für den Personenverkehr lagen die Verhältnisse keineswegs besonders günstig, denn die von der Bahn unmittelbar berührten Ortschaften weisen nur folgende Einwohnerziffern auf:

Kirchlengern 1300
Obernbeck sammt Ellerbusch 1800
Mennighüffen sammt zugehörigen Ortschaften 2700
Tengern 800
Schnathorst 650
Wallücke 130;

die nicht unmittelbar berührten, aber nahe gelegenen Ortschaften Ahlsen, Bröderhausen, Holsen und Rüttendorf im Amt Hüllhorst zählen jede nur zwischen 300 und 600 Seelen. Andererseits kommen die allerdings ebenfalls wenig entfernten Ortschaften des Kreises Minden: Bergkirchen (wozu die Wallücke gehört), Siedinghausen und Wulferdingsen kaum so recht für die Kleinbahn in Frage, weil sich ihr Hauptverkehr nach dem zugehörigen Amtssitze Oeynhausen und nach Minden zieht. Immerhin konnte man nicht nur darauf rechnen, daß sich ein Theil des Personenverkehrs aller dieser genannten Orte allmählich der Kleinbahn bedienen werde, sondern es stand auch ihre ziemlich rege Benutzung von Seiten der Bewohner der unweit der Wallücke am nördlichen Abhange des Wiehengebirges gelegenen Ortschaften zu erwarten.

Jedenfalls mußte unter den geschilderten Umständen der Vorstand des Georgs-Marien-Vereins, der sich bereit gefunden hatte, über die Verlängerung der Bahnlinie, die Vertheuerung des Betriebes und dessen dauernde Abhängigkeit von fremden Anforderungen, sowie über die Zeitverluste und andere wesentliche Bedenken hinwegzusehen und im Interesse des öffentlichen Verkehrs an Stelle einer privaten Erzbahn eine öffentliche Kleinbahn zu erbauen, durchaus darauf bedacht bleiben, die Baukosten der Bahn thunlichst niedrig zu halten, so lebhaft er auch zugleich das Ziel verfolgte, diese Bahn in bau- und betriebstechnischer Beziehung nach den Grundsätzen auszuführen, welche in dem Haarmann'schen Kleinbahnbuche als Richtschnur für Kleinbahn-Unternehmen entwickelt sind.

Auf das am 5. August 1895 bei der Regierung in Minden eingereichte Konzessionsgesuch erfolgte nach Beseitigung einiger Hindernisse am 6. Januar 1896 die Ertheilung der Konzession zunächst auf 30 Jahre, und auf ein weiteres Gesuch auf 50 Jahre Dauer.

Vorher schon, am 29. Juni 1895, nachdem die anfängliche Hoffnung, ohne Enteignung auszukommen, sich als trügerisch erwiesen hatte, war die Verleihung des Enteignungsrechts beantragt worden. Dasselbe wurde aber erst nach der Genehmigung des Konzessions-Gesuches, und zwar am 20. Februar 1896 ertheilt. Da nachträglich noch mehrere Grundbesitzer wider Erwarten Einspruch gegen die geplante Linienführung erhoben, und Bauerlaubniß nicht durchweg zu erlangen war, zog das Enteignungsverfahren den Fortgang der Arbeiten außerordentlich in die Länge und hielt die Bauausführung recht empfindlich auf.

Die Genehmigung des Ministers der öffentlichen Arbeiten zum Anschluß der Wallückebahn an die Staatsbahn auf Bahnhof Kirchlengern war bereits in dem auf die Einreichung des Konzessionsgesuches folgenden Monat, am 24. September 1895, ertheilt worden.

Die Bahn und die Betriebsmittel sind nach Maßgabe der von dem Unternehmer vorgelegten, mit dem Genehmigungsvermerk versehenen Pläne und Zeichnungen nebst Erläuterungen unter Beachtung der hierbei vorgenommenen Aenderungen und Ergänzungen hergestellt. Bei späteren Ergänzungen der Bahnanlage und der Betriebsmittel darf ohne Zustimmung der Aufsichtsbehörde von der durch die Genehmigung festgesetzten Konstruktion nicht abgewichen werden.

Die höchste Geschwindigkeit der Fahrten soll nur 20 km in der Stunde betragen, obschon Gleis und Betriebsmittel eine Geschwindigkeit von 35 km wohl gestatten würden. Im Dorfe Mennighüffen, sowie beim Passiren von Wegekreuzungen darf nur mit einer Geschwindigkeit von 12 km gefahren werden.

Die Feststellung des Fahrplans ist dem Unternehmer für einen Zeitraum von drei Jahren nach der Eröffnung des Betriebes überlassen worden. Auch steht ihm die Festsetzung der Beförderungspreise für einen Zeitraum von fünf Jahren nach der Eröffnung des Bahnbetriebes frei.

Von jeder Festsetzung und jeder Aenderung der Fahrpläne und der Beförderungspreise, sowie von den allgemeinen Anordnungen hinsichtlich der Beförderungsbedingungen wird der Aufsichtsbehörde sofort Anzeige erstattet.

Außerdem werden die Fahrpläne für den Personenverkehr und die Beförderungspreise für den Personen= und Güterverkehr mindestens drei Tage, Erhöhungen der Beförderungspreise aber mindestens 14 Tage vor ihrer Einführung durch die Kreisblätter der Kreise Minden, Lübbecke und Herford, sowie durch Aushang zur öffentlichen Kenntniß gebracht.

2. Bau und Betrieb der Bahn.

Die am meisten bemerkenswerthen Eigenthümlichkeiten bietet jedenfalls die technische Ausgestaltung der Wallückebahn sowohl in baulicher wie in betrieblicher Hinsicht dar.

Um die sachgemäße und einheitliche Gestaltung der technischen Einrichtungen bei Hauptbahnen hat sich bekanntlich der Verein Deutscher Eisenbahn=Verwaltungen große Verdienste erworben durch die Aufstellung seiner „technischen Vereinbarungen", nicht minder aber haben auch seine, übrigens für die

Vereinsverwaltungen nicht bindenden „Grundzüge für den Bau und die Betriebseinrichtungen der Nebeneisenbahnen" zur Gestaltung einheitlicher Verhältnisse bei Nebenbahnen beigetragen. Dagegen scheinen die erst im vorigen Jahre in neue Fassung gebrachten Bestimmungen desselben Vereins über Bau und Betrieb von „Lokalbahnen", wenigstens soweit sie die kleinsten gesetzlich zulässigen Spurweiten betreffen, wenig dazu angethan, für die Kleinbahnen im Allgemeinen maßgebend zu werden. Sie lassen vom Standpunkt des Kleinbahntechnikers gar viel zu wünschen übrig. Deshalb ist man beim Bau der Wallückebahn von neuen Gesichtspunkten ausgegangen. Es ist hier zum ersten Mal der Versuch gemacht worden, **eine Kleinbahn von 600 mm Spurweite mit kräftigem stoßlosem Oberbau, starken Drehgestell-Lokomotiven und Drehgestell-Wagen für Güter- und für Personenbeförderung** zu schaffen und so eine wirkliche Harmonie zwischen Rad und Schiene herzustellen.

Hiermit sind auch bereits die wesentlichsten Merkmale, welche die Wallückebahn vor anderen Kleinbahnen auszeichnen, kurz angedeutet.

Es kommt aber noch hinzu, daß diese wohl mit Recht als typisch bezeichnete Bahn in je einem Drittel ihrer Längenentwicklung im Großen und Ganzen als **Flachlandbahn**, als **Hügellandbahn** und als **Gebirgsbahn** anzusehen ist. Die erste Strecke von Kirchlengern nach Haus Beck und von da nach Löhne zieht sich nämlich an den Ufern zweier Wasserläufe, Else und Werre, hin, durchschneidet wenige geringe Terrainwellen und weist nur ganz schlanke Gefällinien auf — vgl. nebenstehenden Höhenplan (Fig. 2) —; die zweite Theilstrecke von Haus Beck bis Schnathorst überschreitet mehrere langgestreckte Hügel oder kleinere Bergrücken, zeigt daher stark hügeligen Charakter, erforderte ziemlich beträchtliche Steigungen, wenn die Baukosten den Zwecken angepaßt werden sollten, und ließ erhebliche verlorene Steigungen nicht vermeiden; die Schlußstrecke von Schnathorst bis Wallücke ist am Hange des Wiehengebirges in kräftiger, aber mehr gleichmäßiger Steigung hinaufgeführt und trägt mehr Gebirgscharakter. Die ganze Höhendifferenz der Bahn zwischen Anfangs- und Endpunkt beträgt 85,70 m auf rund 16 330 m Länge (unter Ausschluß der Zweiglinie nach Löhne). Der als Flachlandstrecke bezeichnete erste Theil hat 5500 m Länge und 4,75 m Gefälle; die Hügellandstrecke hat 7500 m Länge und 47,75 m Steigung; die Gebirgsstrecke hat 3390 m Länge und 42,70 m Steigung zwischen

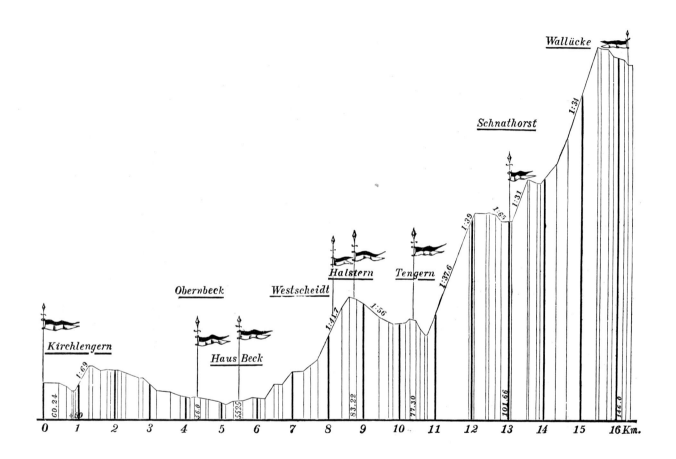

Fig. 2. Höhenplan.

den Endpunkten. Verlorene Steigung enthält die erste Strecke 7,48 m, die zweite 22,34 m, die dritte 11,31 m.

Die größte Steigung für die Bergfahrt, in welcher Richtung Züge mit einem Maximalbruttogewicht von 52 t zu befördern sind, beträgt 1:31, doch kommt diese steilste Steigung nur vereinzelt vor. Im Uebrigen ist überall die mit der normalen Geschwindigkeit von 20 km in der Stunde zu befahrende Steigung von 1:34 als oberste Grenze festgehalten. Für die Thalfahrt, in welcher Richtung die größeren Transportmengen, namentlich der Erzverkehr der Zeche zu führen sind und in welcher das größte Bruttogewicht 72 t beträgt, kommen so erhebliche Steigungen nicht vor; es ist vielmehr hier im Allgemeinen als oberste Grenze die Steigung von 1:56 eingehalten worden. Von der ursprünglichen Absicht, kleinere Kurvenhalbmesser als 60 m nicht zuzulassen, mußte stellenweise, und zwar in einigen Weichen, abgewichen werden.

Die Chausseen haben zum Theil größere Steigungen, als für die Bahn zugelassen waren. Solche finden sich namentlich bei Tengern, Schnathorst und Wallücke, wo Steigungen von 1:24 vorkommen. An solchen Stellen mußte die Chaussee verlassen werden. So entstanden die Umgehungen von Tengern und Schnathorst, wobei den Wünschen der Einwohner und der Behörden entsprechend hier auch die Durchführung der Bahn durch die geschlossen bebauten Ortschaften vermieden wurde, ohne doch die Berührung der Orte durch die Bahn aufzugeben.

Auf Chausseen liegen im Ganzen rund 4,5 km, die übrigen rd. 12 km liegen im Gelände, zum Theil neben den Chausseen und Wegen, zum Theil auf eigenem Bahnkörper (Fig. 3). Die Kronenbreite der betreffenden

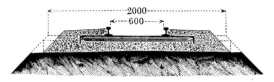

Fig. 3. Querschnitt der Bahn.

Straßen beträgt theils 7,6 m, theils 8 m. Daher hat man überall, wo die Bahn auf der Straße verlegt ist, eine Baumreihe entfernt und das Bahnplanum so weit wie möglich zur Seite geschoben, so daß auch an der schmalsten Stelle für den Straßenverkehr noch 6,15 m bis zum Planum der Kleinbahn bezw. 5,75 m bis zum Lichtraumprofil verfügbar blieben (Fig. 4).

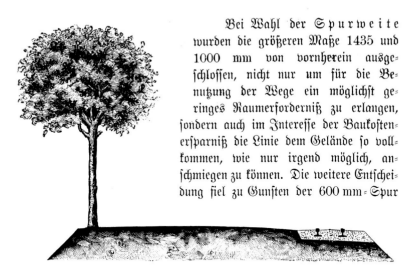

Fig. 4. Querschnitt des Planums.

Bei Wahl der Spurweite wurden die größeren Maße 1435 und 1000 mm von vornherein ausgeschlossen, nicht nur um für die Benutzung der Wege ein möglichst geringes Raumerforderniß zu erlangen, sondern auch im Interesse der Baukostenersparniß die Linie dem Gelände so vollkommen, wie nur irgend möglich, anschmiegen zu können. Die weitere Entscheidung fiel zu Gunsten der 600 mm = Spur aus. Es stellte sich nämlich bei sorgfältigem Vergleich der Spurweiten von 600 mm und 750 mm heraus, daß die letztere bezüglich der Leistungsfähigkeit und Betriebssicherheit keine wesentlichen Vortheile bietet, wenn nur für die 600 mm = Spur ein kräftiger Oberbau gewählt wird. Die in Deutschland seither mit Kleinbahnen von 600 mm Spurweite gemachten Erfahrungen waren allerdings — von den Versuchen der Eisenbahnbrigade abgesehen — nicht sehr günstig. Eine sorgfältige Prüfung ergab, daß die Mangelhaftigkeit der Gleise, die Wahl zu schwacher Schienen sowie die Flüchtigkeit der Trassirung und der Verlegung die Hauptschuld hieran trugen. Andererseits standen diesen ungünstigen Erfahrungen doch auch gute Ergebnisse mit kräftiger gebauten Bahnen gleicher Spur im Auslande gegenüber, wovon sich der Georgs-Marien-Verein dadurch überzeugte, daß er zwei Ingenieure nach Nordwales und nach Frankreich entsandte und sich so über die Verhältnisse und Einrichtungen der Festiniogbahn, der Calvadosbahn und anderer Bahnen genau unterrichtete. Ausschlaggebend für die Entscheidung zu Gunsten der 600 mm = Spur war schließlich die Erwägung, daß für Gegenden mit verhältnißmäßig schmalen Kunststraßen, namentlich wenn die Anlage einer Kleinbahn nur mäßige Bausummen verträgt, die zulässig kleinste Spur zu empfehlen ist der wirthschaftlichen Vortheile wegen, welche dadurch für Landwirthschaft und Industrie geboten werden. Es kam dabei als sehr wesentlich in Betracht, daß sich für alle etwa später auszuführenden Fortsetzungen und Erweiterungen des mit der Wallückebahn begonnenen Kleinbahnnetzes in jener gewerbreichen und landwirthschaftlich so regen, dazu ziemlich stark bevölkerten Gegend voraussichtlich noch weniger günstige Tracen finden lassen werden, und daß diese also noch entschiedener als die Wallückebahn selbst auf die 600 mm = Spurweite angewiesen sind. Es kann auch keinem Zweifel unterliegen, daß ein richtig vertheiltes schmalspuriges Kleinbahnnetz um so eher das durchzogene Gebiet zu hoher Entwicklung zu bringen vermag, je mehr es die Bildung von Anschlüssen leicht verlegbarer Feldbahnen an die Hauptstrecken des Netzes begünstigt. Wenn auch auf der jetzt dem Betrieb übergebenen Hauptlinie Kirchlengern-Wallücke fliegende Gleisanschlüsse der gedachten Art kaum erwünscht erscheinen, weil der regelmäßige Zugverkehr dadurch mehr erschwert würde, als daß die davon erwarteten Vortheile zu Tage treten könnten, so wird doch bei weiterem Ausbau der Bahn manches feste Anschlußgleis in die Dörfer geführt werden, von denen aus dann zahlreiche flüchtige Gleise nach den einzelnen Gutshöfen, Zigarrenfabriken, Holzschneidereien, Ziegeleien und Steinbrüchen, sowie auf die Felder und in die Forsten gehen können, um von dort aus den auf den Stammstrecken verkehrenden Zügen Güter aller Art in ganzen Wagenladungen über die auf den Bahnhöfen und Haltestellen eingebauten festen Anschlußweichen zuzuführen und dadurch sowohl die Rentabilität der Bahn als auch deren Nutzen für die ganze Gegend zu erhöhen. Eine größere Spurweite als 600 mm würde zum mindesten eine Erschwerung, wenn nicht eine Verhinderung dieses Anschlußverkehrs bedeuten, denn die leicht verlegbaren Feld= und Förderbahnen sind sozusagen auf diese Spurweite als die für sie am besten passende angewiesen. Eine mit anderer Spur gebaute Kleinbahn würde darauf verzichten müssen, ihre Wagen auf jene Gleise zu entsenden, um Güter ohne Umladung heranzuholen.

Der Nutzen, welcher von der 600 mm = Spur für solche, industriellen und landwirthschaftlichen Interessen dienende Kleinbahnen zu erwarten ist, würde freilich arg in Frage gestellt werden durch nicht sachgemäße Herstellung des Gleises und der Betriebsmittel. Die Wallückebahn ist in Bezug auf beide besser ausgerüstet, als manche Bahn von größerer Spur.

Die beiden unter Patentschutz stehenden Oberbau=Arten,

welche zur Verwendung gekommen sind, ein Schwellenschienen=
System (Fig. 5) für die Strecken auf öffentlichen Wegen und ein

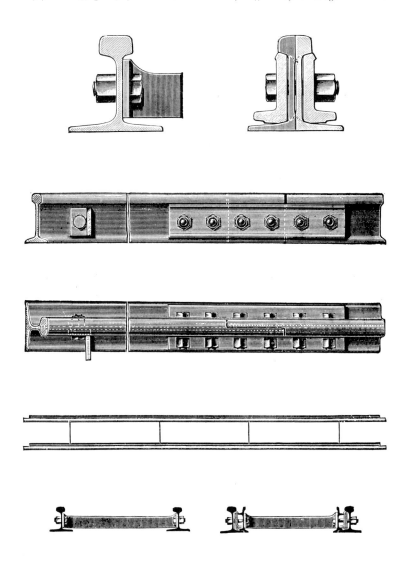

Fig. 5. Schwellenschienen-Oberbau.

Querschwellen-System (Fig. 6) für die Strecken auf eigenem Planum, haben Wechselsteg-Verblattschienen aus Bessemer-

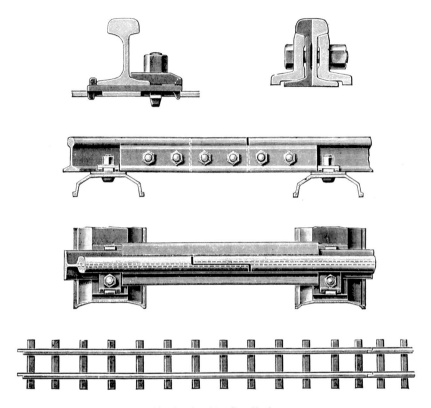

Fig. 6. Querschwellen-Oberbau.

stahl. Die Fahrschiene des Schwellenschienen-Systems wiegt bei 130 mm Höhe, 130 mm Fußbreite und 45/48 mm Kopfbreite 25,4 kg/m, diejenige des Querschwellen-Systems bei 90 mm Höhe, 75 mm Fußbreite und 42/45 mm Kopfbreite 15,8 kg/m. Beide zeigen eine kräftige Verlaschung der auf 160 mm überlappten Doppelsteg-Blattstöße, sodaß das Eintreten von Stoßwirkungen an den Schienenstoßstellen ausgeschlossen ist. Beim Schwellenschienen-Oberbau dienen starke Flacheisen mit angeschweißten Winkelenden zur Querabsteifung beider Schienenstränge; beim anderen Oberbau sind die Schienen mittelst wendbarer Zapfenplatten, die eine bequeme Spurregelung ermöglichen, und Klemmplättchen auf den 1,3 m langen eisernen Querschwellen von je 18,34 kg Gewicht befestigt.

Von einer Schrägstellung der Schienen mit der bei Hauptbahnen in Deutschland wie überhaupt in Europa allgemein üblichen Neigung von etwa 1 : 20 ist nach sorgfältiger Erwägung aller in Frage kommenden Momente ebenso Abstand genommen worden wie von der konischen Gestalt der Radreifen der Fahrzeuge. Der äußerst geringe Einfluß der schlank verlaufenden Kurven bei so kleiner Spurweite auf den Lauf der Fahrzeuge mit kurzen Radständen macht nicht nur diese auch von Neben= und Kleinbahnen den Hauptbahnen entlehnte Schrägstellung und Konizität entbehrlich, sondern es erscheint sogar namentlich im Interesse der einfachen Gestaltung und Schonung der Weichenzungen, Herzstücke und Kreuzungen geradezu geboten, die Schienen gerade zu stellen und die Radreifen zylindrisch zu formen, wie dies amerikanische Hauptbahnen thun. Der überaus glatte stoßfreie Lauf der Fahrzeuge über die Verblattstöße der Schienen und durch die Weichen und Kreuzungen beweist die Zweckmäßigkeit dieser Anordnung. Zu erwähnen ist noch, daß das Gesammtgewicht des Schwellenschienen=Oberbaues ohne Leitschienen 58,5 kg/m und dasjenige des Querschwellen=Oberbaues 61,9 kg/m beträgt.

Die Kronenbreite der Bettung beträgt beim Schwellenschienengleis 1,5 m, beim Querschwellengleis 2 m; auf den Chausseen ist eine Reduktion auf 1,35 m eingetreten.

Das Normalprofil der Bahn hat eine Breite von 2,10 und eine Höhe von 3 m erhalten.

Die Brücken und Durchlässe der Wallückebahn bieten kaum etwas Besonderes dar; die bekannte Anschmiegbarkeit einer so schmalspurigen Bahn an das gegebene Gelände brachte es mit sich, daß nur an einer einzigen Stelle im ganzen Verlauf der Bahn, in der Nähe eines Stauteiches, eine eigentliche Brücke, und zwar eine solche mit 2 Oeffnungen von 4,60 m lichter Weite, nöthig wurde, welche in einfachster Bauart aus Holzjochen besteht und welche einen Mühlbach bei Haus Beck durchläßt. Alle anderen Bäche und Gräben sind entweder mit gemauerten Durchlässen — 7 an der Zahl — oder, wie in der Mehrzahl der Fälle, mit 250 bis 600 mm weiten Thonröhren durch den Bahnkörper geführt worden.

Die Ausstattung der Bahnhöfe ist eine ganz einfache; nur die Endbahnhöfe weisen gewisse Anlagen für die Abwickelung des Personen= und Güterverkehrs auf.

In Kirchlengern befindet sich der Hauptbetriebs=
bahnhof (Fig. 7) mit einem 6 m hohen und 45 m langen Sturz=
gerüst, von welchem aus die Erze aus den Kleinbahn=Erzwagen in die

Fig. 7. Bahnhof Kirchlengern.

Waggons der Hauptbahn übergeladen, d. h. abgestürzt werden, einem
Schuppen für 3 Lokomotiven und einige Personenwagen, einer
kleinen Reparatur=Werkstatt und einem Gebäude, in welchem der Be=
triebsführer der Kleinbahn wohnt, und welches außerdem einen Dienst=
raum für das Personal und einen Warteraum für das Publikum auf=
weist. Die Gleisanlagen in Kirchlengern umfassen ein durchgehendes
Hauptgleis für den ankommenden Kleinbahnzug, ein Nebengleis für die
Aufstellung be= und entladener Wagen sowie ein Maschinengleis, ferner
ein Gleis, welches mit einer Steigung von 1 : 30 auf das Sturzgerüst
führt, und ein Gleis für den sonstigen Umladeverkehr, welches etwa
0,5 m über SO der Normalspurgleise liegt, um ein bequemes Ueber=
laden von Wagen zu Wagen zu ermöglichen.

Das Sturzgerüst ist mit Taschen versehen, deren Ausläufe durch
bewegliche Klappen verschlossen sind. Vervollständigt wird die Gleis=
anlage durch zwei sich vor dem Sturzgerüst zu einem gemeinschaft=
lichen Endgleis vereinigende normalspurige Hauptbahngleise.

Die Haltestelle Löhne hat in einem kleinen Fachwerksbau
einen Warteraum für Personen, einen Dienstraum und einen gemein=

samen Vorraum, sowie an Gleisen ein solches für den Zug, ein zweites für die Maschine und ein drittes für den Ladeverkehr erhalten.

Der Endbahnhof Wallücke ist so eingerichtet, daß die Erze von der höher gelegenen Halde direkt aus den Förderwagen der Grube in die vor der Haldenmauer aufgestellten Erzwagen der Kleinbahn abgestürzt werden. Es sind 4 Kleinbahngleise vorhanden, nämlich außer dem Gleis vor der Halde ein Hauptgleis für den ankommenden Zug nebst einer Verlängerung für den Ladeverkehr, ein Maschinengleis und ein Gleis zum Aufstellen von Wagen. Ein besonderes Gebäude für die Kleinbahn ist nicht vorhanden. Außerdem finden sich nur in Tengern und Schnathorst kleine massive Wärterhäuschen zur Aufnahme des Telephons. Zugkreuzungen hat man bei Haus Beck und in Tengern ermöglicht; auch ist in Obernbeck, Westscheid, Halstern und Schnathorst durch Abzweigen je eines einzelnen Nebengleises für die Möglichkeit eines Wagenladungsverkehrs Sorge getragen.

Die Betriebsmittel der Wallückebahn bieten sich in einer Vollkommenheit der Konstruktion sowohl wie der Ausführung dar, wie sie kaum eine andere Kleinbahn, sicherlich aber keine solche mit 600 mm-Spur, seither aufzuweisen hat. Man vergißt, wenn man diese Doppelt-Verbund-Tenderlokomotiven mit zwei Drehgestellen oder die geräumigen eleganten Drehgestell-Personenwagen mit Längsverkehr vor Augen hat (Fig. 8), daß es sich um eine Kleinbahn

Fig. 8. Wallückebahn-Zug.

kleinster Spurweite handelt, und man hat den Eindruck, daß mit dieser offenbar hervorragend leistungsfähigen Bahn ein neuer Typus geschaffen sein müsse, der nicht ohne Nachahmung bleiben werde.

Die Hauptdimensionen der von der Lokomotivfabrik von Arn. Jung in Jungenthal bei Kirchen a. d. Sieg nach System Meyer für die besonderen Anforderungen des vorliegenden Falles eigens konstruirten Doppelt-Verbund-Tendermaschinen (Fig. 9) sind:

Fig. 9. Doppelt-Verbund-Tendermaschine.

Durchmesser der Hochdruckzylinder	225 mm
„ „ Niederdruckzylinder	340 „
Kolbenhub bei beiden	350 „
Durchmesser der Treib- und Kuppelräder	700 „
Achsenstand, fester, eines jeden Drehgestells	1100 „
„ totaler beweglicher	5000 „
Dampfdruck	12 Atm.
Heizfläche in den Rohren	46,5 qm
„ in der Feuerbüchse	3,5 „
„ totale	50 „
Rostfläche	1,01 „
Raum für Speisewasser	1950 l
„ „ Kohlen	900 „
Leergewicht	16 t
Dienstgewicht	20 „
Effektive Zugkraft	3000 kg.

Jedes der beiden Drehgestelle ist mit einer Zwillingsmaschine ausgerüstet und beide sind in horizontaler quer zur Längsachse der Maschine liegender Richtung durch eine Kuppelstange verbunden. Das vordere Gestell trägt die Niederdruckzylinder, das hintere die Hochdruckzylinder. Die Hochdruckzylinder erhalten den frischen Dampf aus einer über dem (entlasteten) Drehzapfen befindlichen, mit Kugelgelenk versehenen Zuleitung vom Dampfregler. Die Abdampfrohre der Hochdruckzylinder vereinigen sich in einem oberhalb jener Kuppelstange liegenden, mit zwei Kugelgelenken und mit Stopfbüchse ausgestatteten Querrohr, welches sich nach den vorderen Niederdruckschieberkästen in gleicher Weise wieder verzweigt. Das gemeinschaftliche Auspuffrohr der Niederdruckzylinder mündet in dem Exhaustor. Die im mittleren Theile als Receiver dienende Rohrverbindung läßt den Drehgestellen freie Bewegung; durch die Kuppelstange sind aber die Drehgestelle insofern zwangläufig mit einander verbunden, als sie sich nur gemeinschaftlich in Kurven radial stellen können.

Wegen der unmittelbaren Beziehung der Räder zum Gleis seien noch die Maßverhältnisse der **Radgestelle** wie folgt angeführt:

Durchmesser der Achse in der Nabe . . 100 mm
" " " " Mitte . . 90 "
" " " im Schenkel . . 95 "
Länge des Schenkels . . . . 177 "
Durchmesser der Radgestelle . . . 600 "
Radreifenstärke . . . . 50 "
Radreifenbreite . . . . 100 "
Felgenkranzstärke . . . . 25 "
Abstand der Radreifen eines Radsatzes . 545 " .

Es ist bereits erwähnt worden, daß die Radlaufflächen zylindrisch abgedreht sind. Die Räder sind auf die Achsen hydraulisch aufgepreßt, während die Radreifen warm aufgezogen sind. Sämmtliche Räder haben Hall'sche Kurbeln, von denen die rechte der linken um 90° voreilt.

In der Rauchkammer befindet sich ein Funkenfänger, und überdies ist zur Beseitigung jeglicher Rauchbelästigung eine Einrichtung vorhanden, welche gestattet, beim Fahren durch Ortschaften u. dgl. den Auspuffdampf nicht durch den Schornstein abzuführen.

Um das Anfahren sowohl auf der Horizontalen als auch in Steigungen, selbst bei der ungünstigsten Stellung der Kurbeln, sicher bewerkstelligen zu können, ist ferner eine Anfahrvorrichtung vorhanden. Schließlich sei erwähnt, daß die Maschine eine Schraubenbremse und eine Westinghouse-Bremse besitzt, welche beide die acht vorhandenen Bremsklötze — an jedem Rad einen — in Thätigkeit setzen.

Wie die Lokomotiven, so sind auch sämmtliche vom Georgs-

Marien-Verein selbst nach eigenen Entwürfen gebauten und in ihrer Eigenart gesetzlich geschützten Wagen der Wallückebahn nach dem Drehgestellsystem gebaut, und zwar ist für die Personenwagen, für die geschlossenen und offenen Güterwagen und für die Erzwagen durchweg das gleiche Drehgestell verwendet.

Alle Wagen haben Westinghouse-Bremse, welche von der Lokomotive aus in Thätigkeit gesetzt wird.

Wie sich schon aus der hohen Tragfähigkeit der 10 t Erz haltenden achträdrigen Erzwagen erkennen läßt, hat die kleine Spurweite dem Bau von sehr kräftigen Wagen mit großem Fassungsvermögen unüberwindliche Schwierigkeiten nicht entgegengesetzt. Die Schmalheit der Spur ist vielmehr besonders für die eigenthümlich konstruirten Erzwagen günstig gewesen (Fig. 10). Infolge davon, daß die Drehgestelle äußerst zierlich und kompakt gebaut werden konnten, ließ sich der 4—5 m lange Erzwagen als doppelseitiger Kipptaschenwagen mit sogenanntem Eselsrückenboden ausführen.

Fig. 10. Erzwagen.

Die beiden lothrechten Längswände sind als Klappthüren eingerichtet, die sich von einer der Stirnwandungen aus vermöge einer neuen sinnreichen Verschlußvorrichtung sowohl in der Verschlußstellung feststellen als auch mit einem einzigen Ruck gemeinschaftlich öffnen lassen.

Die Güterwagen sind für eine Tragfähigkeit von 7,5 t, also $\frac{1}{2}$ der neueren Staatsbahnwagen bemessen. Sie sind theils als offene Plattformwagen mit niedrigen Bordwänden (Fig. 11), theils als gedeckte

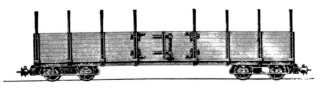

Fig. 11. Offener Güterwagen.

Wagen mit seitlichen Schiebethüren (Fig. 12) vorhanden. Ihre Bodenfläche mißt bei den gedeckten Güterwagen 8 m Länge und 1,65 m Breite, bei den offenen Wagen 6,50 m Länge und 1,65 m Breite. Die geräumigen gedeckten Güterwagen sind zugleich auch zum Rindvieh- und Pferdetransport eingerichtet; sie bieten z. B. bequem Raum

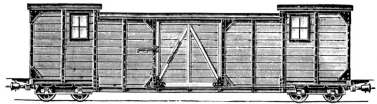

Fig. 12. Gedeckter Güterwagen.

für 4 Pferde und zeichnen sich in dieser Beziehung noch besonders dadurch aus, daß die Thiere infolge der außerordentlich niedrigen Bodenhöhe ohne Rampe verladen werden können, wie denn überhaupt die tiefe Lage des Schwerpunktes und des Wagenbodens ein äußerst bequemes Verfrachten aller Güter zur Folge hat.

Sind schon die Güterwagen durch ihre zweckmäßige Einrichtung und ihre Größenverhältnisse geeignet, jeden stutzig zu machen, welcher mit dem leider so weit verbreiteten Vorurtheil gegen die 600 mm-Spur und ihre Leistungsfähigkeit an die Beurtheilung dieser Bahn herantritt, so haben die Personenwagen (Fig. 13) mit ihrem

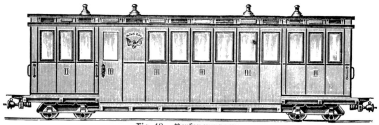

Fig. 13. Personenwagen.

eleganten Aeußern, ihrer bequemen Sitzanordnung und den zweckmäßig angebrachten Klapp- und Schiebethüren erst recht volle Anerkennung zu erwarten. An jedem Wagenende befindet sich eine kleine Plattform, über welche man durch die in den Stirnwandungen der Wagen befindlichen nach außen klappenden Thüren in die Endabtheile, die für Passagiere II. Klasse bestimmt sind, gelangt. Diese Abtheile II. Klasse haben je zwei an den Wagenlängsseiten stehende dreisitzige Bänke mit Polsterbelag, also je 6 Sitze. Von ihnen aus kann man durch eine Schiebethür in den größeren mittleren Abtheil III. Klasse des Wagens gelangen, welcher um eine Tritthöhe tiefer liegt und auch von jeder Wagenseite her durch je eine Schiebethür sehr bequem zugänglich ist. Jeder Wagen hat also 4 Zugänge von außen, an jeder Längs- und Stirnseite einen. Der Abtheil III. Klasse hat zwei ebenfalls an den Längswänden stehende 9sitzige Bänke mit perforirten Holzsitzen und 2 Stehplätze.

Im Ganzen sind demnach in jedem Wagen 12 Plätze II. Klasse und 20 Plätze III. Klasse, zusammen 32 Plätze vorhanden. Im Lichten ist die Breite des Wagens 1650 mm, seine Höhe im mittleren Abtheil 2135 mm. Da die ganzen Wagenfronten von Fenstern besetzt sind, so ist das Innere des Wagens sehr hell und die Aussicht nach beiden Seiten eine sehr bequeme.

Die Personenwagen sind außerdem mit hellleuchtenden Rüböl-Laternen versehen, sowie mit einer unter den Bänken liegenden Heizvorrichtung für Piesberger Anthrazitkohlen, die von außen an der Längsseite bedient wird.

Während der Fahrt werden die Zugänge zu den Wagen geschlossen gehalten.

Die geschilderten Betriebsmittel der Wallückebahn werden vermuthlich dazu beitragen, die noch gegen die kleine Schmalspur bestehenden Vorurtheile zu zerstreuen, zumal sie sich auf dem kräftigen stoßlosen Oberbau durch ruhiges sanftes Fahren auszeichnen. Es kann daraus auch mit großer Wahrscheinlichkeit auf eine Schonung des Gleises und des rollenden Materials, auf Ersparung an Unterhaltungs- und Erneuerungskosten, sowie an Zugkraft geschlossen werden.

Nicht unerwähnt bleiben darf der Umstand, daß die Wallückebahn eine durch Naturschönheit ausgezeichnete Gegend dem Touristenverkehr erschließt. Der etwa 12 km lange Fußweg über den Höhenzug des östlichen Wiehengebirges zwischen dem Kaiser-Denkmal an der Porta Westfalica und Wallücke mit der herrlich gelegenen Ortschaft Bergkirchen gehört zu den schönsten, welche das Wiehengebirge bietet, und andererseits wird die westliche Fortsetzung des Wiehengebirges, insbesondere aber die anmuthige Umgebung der Kreisstadt Lübbecke, welche zur Zeit noch keine Bahnverbindung hat, aber bald eine solche mit Bünde erhält, von der Wallücke aus sicherlich viel besucht werden. Die Lage der Wallücke, fast genau in der Mitte zwischen Porta im Osten und Lübbecke im Westen, wird daher die Endstation unserer Kleinbahn voraussichtlich zu einem beliebten Ausflugsort im schönen Wiehengebirge machen.

Nach alledem darf wohl der Hoffnung Ausdruck verliehen werden, diese erste in allen Theilen eisenbahnmäßig gebaute und ausgerüstete 600 mm-spurige Kleinbahn Deutschlands möge mit dazu beitragen, daß das Kleinbahnwesen immer mehr aus seinen Kinderschuhen herauswachse, zum Segen der Landwirthschaft, der Industrie und des Handels als der Hauptstützen des Volkswohlstandes, aber auch zur Ehre des bienengeflügelten Rades.

Der Eröffnungszug an der Wallücke mit einigen Ehrengästen in Bildmitte; Direktor A. Haarmann ist dritter von links.   *Verlagsarchiv*

Der Eröffnungszug am 25. September 1897 mit Personal und Bevölkerung in der Station »Haus Beck«.

Auf der Rückfahrt wurde der Zug vom Fotografen C. Colberg mit beiden Dampflokomotiven und dem gesamten Wagenpark aufgenommen.

Wallücke=Bahn.

Verkehrsbestimmungen
und
Tarife
für die Beförderung
von
Personen, Reisegepäck, Leichen, Fahrzeugen, lebenden Thieren und Gütern.

Gültig vom Tage der Betriebseröffnung ab.

Preis 0.50 Mark.

Kilometerzeiger.

Von Station	nach Station							
	Kirchlengern	Obernbeck	Haus Beck	Löhne	Westscheid	Halstern	Tengern	Schnathorst	Wallücke
	km	km	km	km	km	km	km	km
Kirchlengern	—	5	6	6	8	9	11	13	17
Obernbeck	5	—	1	1	3	4	6	8	12
Haus Beck	6	1	—	1	2	3	5	7	11
Löhne	6	1	1	—	3	4	6	8	12
Westscheid	8	3	2	3	—	1	3	5	9
Halstern	9	4	3	4	1	—	2	4	8
Tengern	11	6	5	6	3	2	—	2	6
Schnathorst	13	8	7	8	5	4	2	—	4
Wallücke	17	12	11	12	9	8	6	4	—

Interessant sind die »Verkehrsbedingungen und Tarife«, die auszugsweise abgedruckt sind.

A. Verkehrsbestimmungen.

I. Personenbeförderung.

§. 1.

Fahrplan. Die regelmäßige Personenbeförderung findet nach Maßgabe des Fahrplanes statt, welcher vor dem Inkrafttreten öffentlich bekannt gemacht und auf den Haltestellen sowie bei den Güteragenten ausgehängt wird.

§. 2.

Fahrpreise. Die Fahrpreise werden durch den Tarif bestimmt, der auf jeder Station und bei den Güteragenten ausgehängt wird.

§. 3.

Art der Fahrscheine. Es werden ausgegeben:
a) Fahrscheine zur einfachen Fahrt II. und III. Klasse,
b) Fahrscheine III. Klasse für Kinder, Militär und Krankenpfleger,
c) Zeitkarten II. und III. Klasse,
d) Arbeiterwochenkarten III. Klasse.

Rückfahrscheine werden nicht ausgegeben.

§. 4.

Ermäßigung für Kinder. Für Kinder bis zum vollendeten vierten Lebensjahre, für die ein besonderer Platz nicht beansprucht wird, ist ein Fahrpreis nicht zu zahlen.

Kinder vom vollendeten vierten bis zum vollendeten zehnten Lebensjahre, sowie jüngere Kinder, für die ein besonderer Platz beansprucht wird, werden in der dritten Klasse zur Hälfte des Fahrpreises für Erwachsene befördert.

§. 5.

Ermäßigung für Militär und Musiker. Militär vom Feldwebel abwärts wird in der III. Klasse für den halben Preis befördert.

Die gleiche Ermäßigung genießen Musikcorps von mindestens 15 Mitgliedern, auch wenn sie nicht Militärmusiker sind.

— 7 —

§. 6.

Ermäßigung für Krankenpfleger. Personen, die sich der öffentlichen Krankenpflege widmen, werden in der III. Klasse für den halben Preis befördert, falls die Reise auf Bescheinigung der Vorstände ihrer Anstalten im Interesse der öffentlichen Krankenpflege erfolgt.

§. 7.

Zeitkarten. Zeitkarten werden auf die Dauer von 1, 3, 6 und 12 Monaten für die II. und III. Wagenklasse ausgefertigt; die Geltung kann an jedem beliebigen Tage beginnen.

Die Zeitkarten berechtigen zur beliebigen Fahrt auf den darin angegebenen Bahnstrecken mit allen fahrplanmäßigen Zügen, welche die betreffende Wagenklasse führen.

Die Zeitkarten werden nur auf bestimmte Personen ausgestellt und sind nicht übertragbar. Der Inhaber hat die Zeitkarte bei der Aushändigung mit seiner Namensunterschrift zu versehen.

Wird eine Zeitkarte einer andern Person zur Benutzung überlassen, so erfolgt, abgesehen von der strafrechtlichen Verfolgung, die sofortige Einziehung der Karte. Auch geht der Inhaber für die Zukunft des Rechts auf Verabfolgung einer Zeitkarte verlustig.

§. 8.

Arbeiterwochenkarten. Arbeiter, welche außerhalb ihres Wohnorts in Arbeit stehen und dies durch Bescheinigung der Ortspolizeibehörde des Wohnortes ihrer Arbeitgeber nachweisen, können Arbeiterwochenkarten erhalten.

Die Arbeiterwochenkarten werden auf 6 Wochentage ausgestellt und berechtigen an jedem derselben zu einer einmaligen Hin- und Rückfahrt III. Klasse zwischen Wohnort und Arbeitsstelle.

Die Arbeiterkarten sind nicht übertragbar. Jeder Mißbrauch hat sofortige Einziehung der Karte und Erhebung einer Strafe von 3 ℳ zur Folge. Zugleich verliert der auf den Mißbrauch Betroffene ein für alle Mal den Anspruch auf Ausstellung einer Arbeiterkarte.

Die Ausstellung und Abgabe der Arbeiterwochenkarten erfolgt nur Sonnabend Abend oder Sonntag Vormittag an den durch Aushang bezeichneten Stellen.

§. 9.

Gesellschaftsreisen. Bei Lösung von mindestens 20 Fahrscheinen zur gemeinschaftlichen Reise mit den fahrplanmäßigen Zügen in der II. oder III. Wagenklasse wird eine Ermäßigung von 20 % des gewöhnlichen Fahrpreises gewährt.

Solche Gesellschaftsreisen sind mindestens 24 Stunden vorher der Verwaltung der Wallückebahn in Kirchlengern anzumelden.

§. 10.

Sonderzüge. Sonderzüge werden auf Antrag nach dem Ermessen der Bahnverwaltung gestellt.

Die Bestellung von Sonderzügen muß in der Regel 24 Stunden vorher unter Angabe der Zahl und Gattung der verlangten Wagen sowie unter Erlegung des Beförderungspreises bei der Betriebsverwaltung in Kirchlengern oder den Güteragenten erfolgen.

§. 11.

Personenbeförderung durch Güterzüge. Die Beförderung von Personen erfolgt nur durch die fahrplanmäßigen Personen- oder gemischten Züge oder durch Sonderzüge.

In besonders dringenden Fällen kann jedoch einzelnen Personen nach Ermessen des Zugführers ausnahmsweise die Mitfahrt mit den Güterzügen gegen Lösung eines Fahrscheines II. Klasse und Zahlung eines Zuschlags von 1 ℳ gestattet werden.

§. 12.

Lösung der Fahrscheine. Die Fahrscheine werden verabfolgt:
a) im Vorverkauf an den durch Aushang bekannt gemachten Stellen,
b) am Schalter auf den Haltestellen, soweit hier ein regelmäßiger Abfertigungsdienst eingerichtet ist,
c) am und im Zuge.

Uebergang in eine andere Wagenklasse. Der Uebergang von der III. in die II. Klasse ist auf allen Stationen gestattet nach Zuzahlung des Preises eines Fahrscheines III. Klasse.

§. 13.

Tabakrauchen. Das Tabakrauchen ist in der III. Klasse unbedingt, in der II., falls besondere Raucherabtheile vorhanden sind, in diesen, sonst unter Zustimmung aller Mitreisenden des Abtheils gestattet.

§. 14.

Kontrole der Fahrscheine. Reisende, welche ohne Fahrschein einsteigen, sind verpflichtet, sich so bald als thunlich beim Schaffner behufs Verabfolgung eines solchen zu melden.

Werden Reisende, nachdem die Fahrscheinausgabe im Wagen stattgefunden hat, ohne oder mit unzulänglichem Fahrschein betroffen, so haben sie außer dem Fahrpreise für die vom Zuge zurückgelegte Strecke eine Strafe von 2 ℳ zu zahlen.

Der Fahrschein ist während der Fahrt aufzubewahren und auf Verlangen dem diensttuenden Eisenbahnbeamten, der als solcher durch Dienstabzeichen kenntlich ist oder sich sonst ausweist, vorzuzeigen.

§. 15.

Beschädigung des Wagens. Für ein zertrümmertes Fenster wird eine Entschädigung von 3 ℳ erhoben.

Für andere Beschädigungen sowie Verunreinigungen des Wagens wird die Vergütung nach dem Ermessen des Zugführers bestimmt.

Ueber die empfangenen Ersatzbeträge hat der Zugführer eine Quittung zu ertheilen.

§. 16.

Unterbrechung der Fahrt. Bei freiwilliger Unterbrechung der Fahrt verliert der Fahrschein seine Gültigkeit.

§. 17.

Mitnahme von Hunden. Für Mitnahme eines Hundes ist ein Hundeschein zu lösen.

Kleinere Hunde können im Personenwagen mitgeführt werden, falls die Mitreisenden einverstanden sind. Andernfalls sind die Hunde in abgesonderten Behältnissen unterzubringen.

Für das Ein- und Ausladen der Hunde hat der Begleiter selbst zu sorgen.

II. Gepäckbeförderung.

§. 18.

Annahme des Gepäcks. Die Annahme von Gepäck findet am oder im Zuge durch den Zugführer statt.

§. 19.

Beförderung des Gepäcks. Kleine, leicht tragbare Gegenstände können, sofern sie die Mitreisenden nicht belästigen, von den Reisenden in den Personenwagen mitgenommen werden.

Alle andern Gepäckstücke sind im Gepäckwagen einzustellen.

Darüber, ob das Gepäck zur Mitnahme im Personenwagen zuzulassen ist, entscheidet der Zugführer.

§. 20.

Freigepäck. Das in den Personenwagen mitgenommene Gepäck (Handgepäck) wird unentgeltlich befördert.

Ebenso ist die Mitnahme von Handwerkzeug, Traglasten, Marktkörben, Säcken und dergleichen Gegenständen, welche Fußgänger mit sich führen, frei, auch wenn sie im Gepäckwagen eingestellt werden.

Gepäckkarten werden für das Freigepäck nicht verabfolgt.

§. 21.

Frachtgepäck. Für alles übrige, nicht unter §. 20 fallende Gepäck ist die tarifmäßige Gebühr zu entrichten.

Für solches Gepäck werden Gepäckkarten ausgestellt und an dem Gepäckstück befestigt. Der abtrennbare Theil wird nach Entwerthung dem Aufgeber als Ausweis ausgehändigt, gegen dessen Rückgabe die Auslieferung des Gepäcks erfolgt.

§. 22.

Beaufsichtigung des Gepäcks. Jeder Reisende hat für sein Gepäck selbst zu sorgen, insbesondere dasselbe im Gepäckwagen unterzubringen bezw. es von dort abzuholen.

Für das Freigepäck übernimmt die Bahn keine Verantwortung; für das Frachtgepäck hingegen haftet sie in Höhe des erweislichen Schadens.

Die Bahnverwaltung ist von jeder Haftung für den Verlust von Reisegepäck frei, wenn es nicht innerhalb 3 Tagen nach Ankunft des Zuges auf der Bestimmungsstation abgefordert wird.

Eine Deklaration des Interesses an der Lieferung des Reisegepäcks findet nicht statt.

§. 23.

Aufbewahrung von Reisegepäck. Reisegepäck, welches der Reisende nach Ankunft des Zuges am Bestimmungsort nicht abholt, wird dem Stationsvorsteher, oder wo ein solcher nicht vorhanden ist, dem Güteragenten zur Aufbewahrung gegen die tarifmäßige Gebühr übergeben.

§. 24.

Zurückgelassene Gegenstände. Zurückgelassene Gegenstände werden 3 Monate lang aufbewahrt und nach Ablauf dieser Frist zu Gunsten der Bahn veräußert.

Gegenstände, die schnellem Verderben ausgesetzt sind, werden bestmöglichst verkauft, sobald ein Verderben zu befürchten ist. Der Erlös wird bis zum Ablauf der dreimonatlichen Frist aufbewahrt.

III. Beförderung von Leichen.

§. 25.

Leichenpässe. Die Beförderung von Leichen erfolgt auf Grund vorschriftsmäßiger Leichenpässe, zu welchen Formulare von der Bahnverwaltung unentgeltlich verabfolgt werden.

§. 26.

Ausstellende Behörden. Zuständig zur Ausstellung von Leichenpässen sind die Landräthe derjenigen Kreise, in welchen die Aufgabe erfolgt.

§. 27.

Abfertigung der Leichen. Die Abfertigung der Leichen erfolgt durch Frachtbriefe.

Das Aufladen der Leichen ist durch den Absender, das Abladen durch den Empfänger zu bewirken.

§. 28.

Beförderung im Uebergangsverkehr. Die Beförderung von Leichen im Uebergangsverkehr mit Stationen der Hauptbahn findet nur über Kirchlengern statt.

IV. Beförderung von Fahrzeugen.

§. 29.

Annahme von Fahrzeugen. Fahrzeuge werden nur, soweit die Einrichtungen der Bahn dazu geeignet sind, als gewöhnliches Frachtgut zur Beförderung angenommen.

V. Beförderung von lebenden Thieren.

§. 30.

Allgemeines. Auf der Wallückebahn werden wilde Thiere überhaupt nicht und anderes Vieh nur insoweit zur Beförderung angenommen, als sich die vorhandenen Wagen und Verladeeinrichtungen hierzu eignen.

§. 31.

Abfertigung der Thiere. Die Abfertigung von Thieren erfolgt ausschließlich auf Grund von Frachtbriefen.

Kleine Thiere in Käfigen, Kisten, Säcken und dgl. können als Reisegepäck (§. 19 ff.) oder Bahnpackete (§. 37) abgefertigt werden.

§. 32.

Begleitung des Viehs. Großvieh, sowie von und nach Stationen der Hauptbahn zur Beförderung gelangendes Kleinvieh muß einen Begleiter haben, der für sich eine Fahrkarte III. Klasse zu lösen hat.

Als Großvieh gelten Pferde, Stiere, Ochsen, Kühe, Fohlen, Maulthiere, Esel; als Kleinvieh Schweine, Kälber (im Alter bis zu 6 Monaten), Schafe, Ziegen, Gänse u. s. w.

Die in Käfigen und dgl. untergebrachten kleineren Thiere (§. 31, Abs. 2) brauchen nicht begleitet zu werden.

Der Begleiter hat die Umladung der von und nach Stationen der Hauptbahn zur Beförderung kommenden Sendungen zu besorgen.

Ebenso erfolgt auf den Stationen der Wallückebahn das Ein- und Ausladen der Thiere durch den Absender bezw. Empfänger.

§. 33.

Verladung durch die Bahnverwaltung. Ist zum Ein-, Aus- oder Umladen Niemand anwesend, so kann die Kleinbahnverwaltung dies auf Gefahr und Kosten des Absenders besorgen.

Wird das Vieh nach Ankunft auf der Bestimmungsstation nicht alsbald abgetrieben, so ist die Bahnverwaltung befugt, es auf Gefahr und Kosten des Absenders in Verpflegung zu geben.

§. 34.

Beförderung von Thieren am Sonntag. An Sonn- und Festtagen werden außer Hunden keine Thiere zur Beförderung angenommen.

Ausnahmen hiervon können in einzelnen Fällen durch die Bahnverwaltung zugelassen werden.

B. Tarife.

I. Personen, Reisegepäck und Hunde.

Tabelle 1.

Von Kirchlengern

nach	Kilometer	Einfache Fahrt		Kinder, Militär, Krankenpfleger	Zeitkarten								Arbeiter-Wochen-karten	Reisegepäck fr. 10 kg	Hunde
					1 Monat		3 Monate		6 Monate		1 Jahr				
		II	III	III	II	III	II	III	II	III	II	III			
		₰	₰	₰	₰	₰	₰	₰	₰	₰	₰	₰	₰	₰	₰
Obernbeck	5	15	10	10	450	300	1125	750	1500	1000	2250	1500	30	10	15
Haus Beck	6	15	10	10	450	300	1125	750	1500	1000	2250	1500	30	10	15
Löhne	6	30	20	10	900	600	2250	1500	3000	2000	4500	3000	60	10	15
Westscheid	8	30	20	10	900	600	2250	1500	3000	2000	4500	3000	60	10	15
Halstern	9	30	20	10	900	600	2250	1500	3000	2000	4500	3000	60	10	15
Tengern	11	45	30	15	1350	900	3375	2250	4500	3000	6750	4500	90	10	15
Schnathorst	13	60	40	20	1800	1200	4000	3000	6000	4000	9000	6000	120	10	15
Wallücke	17	75	50	25	2250	1500	5625	3750	7500	5000	11250	7500	150	10	15

Tabelle 2.

Von Löhne

nach	Kilometer	Einfache Fahrt		Kinder, Militär, Krankenpfleger	Zeitkarten								Arbeiter-Wochen-karten	Reisegepäck fr. 10 kg	Hunde
					1 Monat		3 Monate		6 Monate		1 Jahr				
		II	III	III	II	III	II	III	II	III	II	III			
		₰	₰	₰	₰	₰	₰	₰	₰	₰	₰	₰	₰	₰	₰
Haus Beck	1	15	10	10	450	300	1125	750	1500	1000	2250	1500	30	10	15
Obernbeck	1	15	10	10	450	300	1125	750	1500	1000	2250	1500	30	10	15
Kirchlengern	6	30	20	10	900	600	2250	1500	3000	2000	4500	3000	60	10	15
Westscheid	3	30	20	10	900	600	2250	1500	3000	2000	4500	3000	60	10	15
Halstern	4	30	20	10	900	600	2250	1500	3000	2000	4500	3000	60	10	15
Tengern	6	45	30	15	1350	900	3375	2250	4500	3000	6750	4500	90	10	15
Schnathorst	8	60	40	20	1800	1200	4000	3000	6000	4000	9000	6000	120	10	15
Wallücke	12	75	50	25	2250	1500	5625	3750	7500	5000	11250	7500	150	10	15

Tabelle 3.

Von Obernbeck

nach	Kilometer	Einfache Fahrt		Kinder, Militär, Krankenpfleger	Zeitkarten								Arbeiter-Wochen-karten	Reisegepäck fr. 10 kg	Hunde
					1 Monat		3 Monate		6 Monate		1 Jahr				
		II	III	III	II	III	II	III	II	III	II	III			
		₰	₰	₰	₰	₰	₰	₰	₰	₰	₰	₰	₰	₰	₰
Kirchlengern	5	15	10	10	450	300	1125	750	1500	1000	2250	1500	30	10	15
Haus Beck	1	15	10	10	450	300	1125	750	1500	1000	2250	1500	30	10	15
Löhne	1	15	10	10	450	300	1125	750	1500	1000	2250	1500	30	10	15
Westscheid	3	15	10	10	450	300	1125	750	1500	1000	2250	1500	30	10	15
Halstern	4	15	10	10	450	300	1125	750	1500	1000	2250	1500	30	10	15
Tengern	6	30	20	10	900	600	2250	1500	3000	2000	4500	3000	60	10	15
Schnathorst	8	45	30	15	1350	900	3375	2250	4500	3000	6750	4500	90	10	15
Wallücke	12	60	40	20	1800	1200	4500	3000	6000	4000	9000	6000	120	10	15

Tabelle 4.

Von Haus Beck

nach	Kilometer	Einfache Fahrt		Kinder, Militär, Krankenpfleger	Zeitkarten								Arbeiter-Wochen-karten	Reisegepäck fr. 10 kg	Hunde
					1 Monat		3 Monate		6 Monate		1 Jahr				
		II	III	III	II	III	II	III	II	III	II	III			
		₰	₰	₰	₰	₰	₰	₰	₰	₰	₰	₰	₰	₰	₰
Löhne	1	15	10	10	450	300	1125	750	1500	1000	2250	1500	30	10	15
Obernbeck	1	15	10	10	450	300	1125	750	1500	1000	2250	1500	30	10	15
Kirchlengern	6	15	10	10	450	300	1125	750	1500	1000	2250	1500	30	10	15
Westscheid	2	15	10	10	450	300	1125	750	1500	1000	2250	1500	30	10	15
Halstern	3	15	10	10	450	300	1125	750	1500	1000	2250	1500	30	10	15
Tengern	5	30	20	10	900	600	2250	1500	3000	2000	4500	3000	60	10	15
Schnathorst	7	45	30	15	1350	900	3375	2250	4500	3000	6750	4500	90	10	15
Wallücke	11	60	40	20	1800	1200	4500	3000	6000	4000	9000	6000	120	10	15

Tabelle 9.

Von **Wallücke**														
		Personen.												
nach	Kilometer	Einfache Fahrt		Kinder, Militär-, Krankenpfleger	Zeitkarten								Arbeiter-Wochenkarten	Reisegepäck je 10 kg	Hunde
					1 Monat		3 Monate		6 Monate		1 Jahr				
		II	III	III	II	III	II	III	II	III	II	III			
Schnathorst	4	15	10	10	450	300	1125	750	1500	1000	2250	1500	30	10	15
Tengern	6	30	20	10	900	600	2250	1500	3000	2000	4500	3000	60	10	15
Halstern	8	45	30	15	1350	900	3375	2250	4500	3000	6750	4500	90	10	15
Westscheid	9	45	30	15	1350	900	3375	2250	4500	3000	6750	4500	90	10	15
Haus Beck	11	60	40	20	1800	1200	4500	3000	6000	4000	9000	6000	120	10	15
Löhne	12	75	50	25	2250	1500	5625	3750	7500	5000	11250	7500	150	10	15
Obernbeck	12	75	50	25	2250	1500	5625	3750	7500	5000	11250	7500	150	10	15
Kirchlengern	17	75	50	25	2250	1500	5625	3750	7500	5000	11250	7500	150	10	15

Sonderzüge.

Die Vergütung für Sonderzüge beträgt für das Tarifkilometer
  a) für die Lokomotive . . ℳ 1.—,
  b) für jeden Personenwagen „ 2.—,
  mindestens aber zusammen . . „ 40.—.

Soll an demselben Tage auch die Rückfahrt nach der Abgangstation mittelst Sonderzug ausgeführt werden, so werden für die Rückfahrt 40 % des Preises der Hinfahrt in Ansatz gebracht. Die Vergütung ist bei der Bestellung im Voraus zu entrichten.

Im Falle der Abbestellung eines Sonderzuges wird die Hälfte der erlegten Gebühren herausbezahlt.

II. Leichen.

Für Beförderung von Leichen von und nach jeder Station der Wallückebahn wird eine Gebühr von ℳ 10.— erhoben. Die Ueberführung von und nach der Staatsbahn in Kirchlengern erfolgt kostenlos.

III. Fahrzeuge.

Fahrzeuge werden zu den Sätzen der Tarifklasse I unter Zugrundelegung eines Mindestgewichts von 5000 kg befördert.

IV. Vieh.

Tabelle 1.

Von **Kirchlengern**										
nach	Kilometer	Großvieh				Schweine, Kälber, Schafe, Ziegen, Hunde		Ferkel, Lämmer, Zicklein u. sonstige kleine Thiere, das Stück nicht über 35 kg schwer		Vieh in Wagenladungen 1 qm Bodenfläche
		Stückzahl				Stückzahl		Stückzahl		
		1	2	3	4	1	jedes weitere	1	jedes weitere	Offene Wagen / Bedeckte Wagen
		₰	₰	₰	₰	₰	₰	₰	₰	₰	₰
Obernbeck	5	200	285	420	555	105	60	30	30	15	55	65
Haus Beck	6	200	305	445	590	115	60	35	35	20	60	70
Westscheid	8	200	340	495	650	130	60	40	40	20	65	75
Halstern	9	200	355	520	680	135	60	40	40	20	70	80
Tengern	11	210	390	565	745	150	65	45	45	25	75	85
Schnathorst	13	230	425	615	805	165	70	50	50	25	80	90
Wallücke	17	270	490	710	930	190	85	55	55	30	90	100

Tabelle 2.

Von **Obernbeck**										
nach	Kilometer	Großvieh				Schweine, Kälber, Schafe, Ziegen, Hunde		Ferkel, Lämmer, Zicklein u. sonstige kleine Thiere, das Stück nicht über 35 kg schwer		Vieh in Wagenladungen 1 qm Bodenfläche
		Stückzahl				Stückzahl		Stückzahl		
		1	2	3	4	1	jedes weitere	1	jedes weitere	Offene Wagen / Bedeckte Wagen
		₰	₰	₰	₰	₰	₰	₰	₰	₰	₰
Kirchlengern	5	200	285	420	555	105	60	30	30	15	55	65
Haus Beck	1	200	220	325	435	80	60	25	30	15	45	55
Westscheid	3	200	255	375	495	95	60	30	30	15	50	60
Halstern	4	200	270	400	525	100	60	30	30	15	50	60
Tengern	6	200	305	445	590	115	60	35	35	20	60	70
Schnathorst	8	200	340	495	650	130	60	40	40	20	65	75
Wallücke	12	220	405	590	775	155	70	45	45	25	75	85

C. Nebengebührentarif.

Gegenstand	für	Betrag
		ℳ | ₰
I. Verkaufspreise und Gebühren für Ausfüllung von Formularen.		
1. Verkaufspreis der Formulare zu Frachtbriefen, Erklärungen, nachträglichen Anweisungen und Anträgen auf nachträgliche Nachnahmebelastung:		
a) für einzelne Formulare	1 Stück	— | 01
b) bei Abnahme von mindestens 100 Stück	100 „	— | 75
2. Für die Ausfüllung der zu 1 bezeichneten Formulare, auf Erfordern unter Hergabe derselben	1 „	— | 10
II. Wägegeld.		
1. Für Stückgüter	100 kg	— | 05
Diese Gebühr wird erhoben, wenn der Absender nach erfolgter bahnseitiger Verwiegung die Wiederholung derselben beantragt hat, und sich hierbei die erste Verwiegung als richtig herausstellt.		
Dieselbe Gebühr wird erhoben, wenn der Empfänger die Verwiegung beantragt hat und die Nachwägung kein von der Bahn zu vertretendes Mindergewicht ergeben hat.		
2. Für Wagenladungsgüter:		
a) für Verwiegung der einzelnen Frachtstücke	100 kg	— | 04
b) für Verwiegung mittelst der Gleiswaage	1 Wagen	— | 50
Diese Gebühren kommen nur zur Erhebung:		
1. wenn der Absender die Gewichtsangabe im Frachtbriefe unterlassen hat,		
2. wenn der Absender die Feststellung des Gewichts ausdrücklich beantragt hat,		
3. wenn der Absender nach erfolgter bahnseitiger Verwiegung der Güter eine nochmalige Feststellung des Gewichts verlangt hat und sich hierbei die erste Verwiegung als richtig herausstellt,		
4. wenn der Empfänger die Nachwägung beantragt hat und dabei kein von der Bahn zu vertretendes Mindergewicht festgestellt ist.		
3. Für leere Wagen auf Antrag des Versenders oder Empfängers	1 Wagen	— | 50

Gegenstand	für	Betrag
		ℳ | ₰
III. Zählgebühr.		
Für Feststellung der Stückzahl bei Wagenladungsgütern	1 Wagen	— | 50
Diese Gebühr kommt nur zur Erhebung, wenn die Feststellung der Stückzahl auf Antrag des Absenders oder Empfängers erfolgt.		
IV. Auf- und Abladegebühren.		
Für das Auf- oder Abladen durch Arbeiter oder Angestellte (Güteragenten ꝛc.) der Bahn		
1. Güter:		
a) für Gepäck und Stückgüter	100 kg	— | 04
b) „ Wagenladungsgüter des Tarifs I . . .	100 „	— | 03
c) „ „ „ der Tarife II—V . .	100 „	— | 02
d) „ Stroh, Heu, Holz sowie sonstige umfangreiche Güter	100 „	— | 06
e) „ Fahrzeuge aller Art,		
wenn sie beladen sind	1 Stück	1 | 50
wenn sie unbeladen sind	1 „	— | 75
2. Vieh.		
Wenn die Kleinbahn auf Antrag des Versenders oder Empfängers, oder weil Niemand dazu anwesend ist (§. 33 der Verkehrsbestimmungen), das Ein-, Aus- oder Umladen von Thieren durch ihre Arbeiter besorgt und diese hierbei nicht mithelfen, so wird erhoben		
für Großvieh	1 Stück	— | 10
für Kleinvieh	1 „	— | 05
höchstens für den Wagen	3	—
V. Ueberführungsgebühr.		
Für Ueberführung von Stückgütern in Löhne im Uebergangsverkehr mit der Hauptbahn (§. 44 Abs. 2)	10 kg	— | 02*
* mindestens aber 5 Pf. für jedes Frachtstück.		
VI. Lagergeld. Wagenstandgeld.		
1. Für Aufbewahrung von Gepäck (§. 25) pro Tag	1 Stück	— | 25
	jedes weitere	— | 10
2. Für Stückgüter (§. 43)		
a) wenn das Gut in bedeckten Räumen oder im Freien unter Decke lagert, für die ersten 24 Stunden	100 kg	— | 10
„ zweiten 24 „	100 „	— | 06
„ jede weiteren 24 „	100 „	— | 02
b) wenn das Gut im Freien unbedeckt lagert		
für die ersten 24 Stunden	100 „	— | 02
„ jede weiteren 24 „	100 „	— | 10

Gegenstand	für	Betrag ℳ	₰
3. Für **Wagenstandgeld** für die ersten 24 Stunden	1 Wagen	3	—
„ „ zweiten 24 „	1 „	4	—
und so weiter steigend um .	1 „	1	—
Nach Ablauf der lagerzinsfreien Zeit bezw. der Frist für die Be- und Entladung wird auch für Sonn- und Festtage Lagergeld bezw. Wagenstandgeld erhoben.			
VII. Deckenmiethe.			
Für jede dem Absender auf seinen im Frachtbrief ausgesprochenen Antrag zu eigener Wagenbedeckung hergeliehenen Decke	1 Tag	—	50
VIII. Signiren der Frachtstücke.			
Für das Signiren der Frachtstücke unter Hergabe des Materials	1 Stück	—	05
IX. Nachnahmeprovision.			
Für Nachnahme und Baarvorschüsse			
a) bis zu 100 ℳ einschließlich . . . . 1 %			
b) für den überschießenden Betrag . . ½ %			
X. Reugeld.			
Neben der tarifmäßigen Fracht für die vom Gute zurückgelegte Bahnstrecke wird erhoben	100 kg	—	20
höchstens aber die Hälfte der Fracht für die vom Gute noch nicht zurückgelegte Strecke.			
XI. Gebühr für die Vorbereitung des Transports und die Wiederausladung bei Transporthindernissen.			
Neben der Fracht für die vom Gute zurückgelegte Bahnstrecke wird erhoben	100 kg	—	05
XII. Gebühr für Benachrichtigungen. (§. 41 Abs. 4.)			
1. Falls die Benachrichtigung durch die Post erfolgt		—	05
2. „ „ „ Boten erfolgt,			
a) wenn der Empfänger in derselben Gemeinde wohnt		—	10
b) wenn er in einer andern Gemeinde wohnt		—	15
Für die Benachrichtigung von der Ankunft von Bahnpacketen wird nichts erhoben.			

Gegenstand	für	Betrag ℳ	₰
XIII. Desinfektionsgebühr.			
Für Desinfektion der zur Beförderung von Thieren benutzten Kleinbahnwagen	1 Wagen	—	75
Bei Einzelsendungen . . . . Großvieh	1 Stück	—	20
Kleinvieh	1 „	—	10
Für Kleinvieh in Käfigen, Kisten u. s. w. wird eine Desinfektionsgebühr nicht erhoben.			
Für Desinfektion der Vieh-Ein- und Ausladeplätze und der Viehhöfe, sofern solche nach §. 1 Abs. 3 des Gesetzes vom 25./2. 76, betreffend die Beseitigung von Ansteckungsstoffen bei Viehbeförderung auf Eisenbahnen, angeordnet ist, als Zuschlag zur Desinfektionsgebühr	1 Wagen	—	25
XIV. Allgemeine Bestimmungen.			
1. Angefangene 100 kg und angefangene Tage werden bei Berechnung der Nebengebühren für voll gerechnet.			
2. Die Preise für Formulare (I), das Wägegeld (II), die Gebühren für das Signiren (VIII) und die Gebühr für Benachrichtigungen (XII) kommen nach den sich ergebenden genauen Beträgen ohne Abrundung zur Erhebung.			
3. Bei den übrigen Nebengebühren werden mindestens 10 ₰ erhoben; Beträge darüber werden auf je 5 ₰ aufgerundet.			

Druck von J. G. Kisling in Osnabrück.

Zwei Dampflokomotiven der Verbundbauart Günther-Meyer, gebaut von der Lokomotivfabrik Jung, waren gekauft und erhielten die Betriebsnummern 1 und 2. Weiter gehörten zur Erstausstattung der Bahn drei Personenwagen, ein Packwagen mit Postabteil, fünf offene Güterwagen (Ladegewicht je 7,5 t) und zwölf Erztransportwagen (jeweils 10 t Ladegewicht).

Die beiden Dampflokomotiven mit ihrem komplizierten Triebwerk bewährten sich bei der Wallückebahn nicht. Sie waren störanfällig und schwierig zu bedienen. Das war wohl der Grund, warum die verhältnismäßig neuen Maschinen 1906 bereits an die Wirsitzer Kreisbahn im Osten Deutschlands verkauft wurden. Dort erhielten sie die Betriebsnummern 21 und 22 und waren noch 1942 im Einsatz.

Drei kleine zweiachsige Tender-Lokomotiven (Bn2t), die 1875 von Hanomag gebaut wurden, kamen von der Georgsmarienhütte zur Wallückebahn. In der Hütte waren sie auf dem 750-mm-Netz eingesetzt gewesen und wurden in Osnabrück auf 600 mm umgespurt. Sie erhielten bei der Wallückebahn die Nummern 3, 5 und 6 und waren wegen der geringen Leistungsfähigkeit fast nur für Rangierarbeiten zu verwenden.

Die Nummer 4 kam 1898 zur Wallückebahn und war wieder eine komplizierte, störanfällige Type: eine Hagans-Drehschemel-Lokomotive.

Erst 1901 kamen mit zwei B1-Lokomotiven von Orenstein & Koppel die für die Bahn richtigen Dampflokomotiven zur Wallückebahn. Es waren leistungsfähige, einfach zu

Lokomotive 1 oder 2.

Werkfoto

bedienende Maschinen und kosteten jeweils 33.320,- Mark. Sie waren bis zum Ende der Bahn im Einsatz. Eine Maschine erhielt die Betriebsnummer 7, die andere bekam die Nummer 6 in zweiter Besetzung, nachdem die erste »6« (eine kleine Hanomag-Lokomotive) bereits ausgemustert war.

> Das Publikum wird dringend ersucht, Klagen über den Betrieb der Bahn sowie über das Verhalten des Personals der unterzeichneten Direktion unverzüglich zu übermitteln.
>
> Georgsmarienhütte, den 9. Dezember 1897.
> Direktion der Wallückebahn.
> v. Weyhe.

Lokomotive 4.

Werkfoto

Lokomotive 6 (II) oder 7.

Werkfoto

»Gasthof zur Wallückebahn« in Löhne mit einem Zug der Bahn auf einer Postkarte um 1910.

Fahrplan der Wallückebahn.

Gültig vom 15. December 1897.

km	Stationen	Zug №			
		I	II	2	III
0,0	Ab Kirchlengern	6:25	11:00	11:00	4:30
4,6	Obernbeck	6:45	11:16	11:16	4:46
5,4	An Löhne	6:50	—	11:21	4:51
5,4	Ab Löhne	7:00	—	11:25	5:00
5,5	Haus Beck	7:09	11:21	11:30	5:05
6,4	Mennighüffen	7:16	11:26	11:35	5:10
8,2	Westscheidt	7:28	11:35	11:44	5:19
8,8	Halstern	7:33	11:38	11:47	5:22
10,5	Tengern	7:43	11:45	11:54	5:29
13,1	Schnathorst	7:57	11:56	12:05	5:40
16,5	An Wallücke	8:10	12:09	12:18	5:53

km	Stationen	Zug №			
		Ia	IIa	IIIa	3a
0,0	Ab Wallücke	8:40	12:45	6:30	6:30
3,4	Schnathorst	8:56	1:00	6:45	6:45
6,0	Tengern	9:08	1:11	6:56	6:56
7,7	Halstern	9:15	1:17	7:02	7:02
8,3	Westscheid	9:21	1:21	7:06	7:06
10,1	Mennighüffen	9:30	1:29	7:14	7:14
11,0	Haus Beck	9:37	1:35	7:20	7:20
12,0	An Löhne	9:40	1:40	—	7:25
12,0	Ab Löhne	9:50	1:45	—	7:30
11,9	Obernbeck	9:58	1:51	7:25	7:36
16,5	An Kirchlengern	10:13	2:06	7:40	7:51

Die Züge 2 und 3a fahren an Sonn- und Feiertagen an Stelle der Züge II und IIIa.

Druck von J. G. Kisling in Osnabrück.

Wallücke-Bahn.

Polizei-Verordnung,

betreffend den Betrieb der Kleinbahn von Kirchlengern nach der Wallücke.

Auf Grund der §§ 6, 12 und 15 des Gesetzes über die Polizeiverwaltung vom 11. März 1850 (Ges.-Samml. S. 265) in Verbindung mit dem § 137 des Gesetzes über die allgemeine Landesverwaltung vom 30. Juli 1883 (Ges.-Samml. S. 195) verordne ich mit Zustimmung des Bezirksausschusses für die von der Kleinbahn von Kirchlengern nach der Wallücke berührten Ortspolizeibezirke, was folgt:

I. Betrieb.

§ 1. Der Betrieb ist den Bestimmungen der Konzessionsurkunde vom 6. Januar 1896 sowie den sonstigen von den zuständigen Eisenbahn- und Polizeibehörden erlassenen Betriebsvorschriften, im übrigen aber, soweit nicht die gegenwärtige Polizeiverordnung Ausnahmen begründet, den allgemeinen straßenpolizeilichen Bestimmungen unterworfen.

§ 2. Bei der Annäherung an Straßenkreuzungen und bei größeren Ansammlungen von Menschen sowie beim Begegnen von Fuhrwerk, hat der Lokomotivführer langsam und mit besonderer Vorsicht zu fahren.

§ 3. Der Gebrauch der Dampfpfeife bezw. Trompete oder Glocke beim Begegnen von Personen, welche Pferde oder andere scheue Tiere führen oder reiten, ist zu vermeiden, soweit dies mit den Vorschriften der Konzessionsurkunde vereinbar ist.

§ 4. Vor marschierenden Militärabteilungen, Feuerlöschzügen, Leichenzügen und anderen polizeilich gestatteten öffentlichen Aufzügen muß gehalten werden, sofern zum Vorbeifahren kein Raum vorhanden ist.

§ 5. Der Lokomotivführer hat unter Beobachtung der größten Vorsicht ein Zusammenstoßen mit Fuhrwerken, Reitern, Tieren und Fußgängern zu vermeiden.

Bemerkt der Lokomotivführer, daß Tiere beim Herannahen des Zuges scheuen oder das Gleise versperren, so hat er ohne den Zuruf des betreffenden Führers abzuwarten, die Warnungsglocke abzustellen und so lange zu halten, bis die Gefahr vorüber ist. Es wird dem Lokomotivführer strengstens untersagt, beim Herannahen von Fuhrwerken, Reitern, Haustieren usw. die Dämpfe abzulassen.

II. Bestimmungen für das Publikum.

§ 6. Jede Beschädigung der Kleinbahn oder der dazu gehörigen Anlagen, sowie der Betriebsmittel nebst Zubehör, die Nachahmung der Signale, die Verstellung oder die Versperrung der Ausweichevorrichtungen überhaupt jede Vornahme einer den Bahnbetrieb störenden oder gefährdenden Handlung ist verboten.

§ 7. Das Betreten des Bahnkörpers der Kleinbahn ist verboten. Ausgenommen hiervon sind nur die Bahnübergänge und diejenigen Bahnstrecken, wo die Kleinbahn öffentliche Wege benutzt. Soweit hiernach das Betreten des Gleises nicht untersagt ist, hat jeder Ertönen des Signals jedermann die Gleise ohne Säumen zu verlassen oder frei zu machen und die Bahn ungehindert vorbeifahren zu lassen.

§ 8. An Straßenkreuzungen, Wegeübergängen, Straßenkrümmungen oder Abzweigungen haben Personen, Fuhrwerke, Reiter, Viehtransporte usw., welche das Gleise überschreiten wollen, so rechtzeitig zu halten, daß die Wagen der Kleinbahn in ihrer Fahrt nicht gehindert werden.

§ 9. Feuerlöschzüge unterliegen den Bestimmungen der §§ 7 und 8 nicht.

§ 10. Es ist verboten, Kinder ohne Aufsicht auf den Gleisen oder in unmittelbarer Nähe derselben spielen zu lassen.

§ 11. Fuhrwerke oder Vieh ohne Aufsicht auf den Gleisen oder in einer geringeren Entfernung als 3 m von den angrenzenden Fahrschienen neben den Gleisen stehen zu lassen, ist verboten.

Aufschlußs haftende Fuhrwerke, Tiere oder sonstige Gegenstände, welche die Gleise sperren, ist das Bahnpersonal zu entfernen berechtigt, unbeschadet der Strafälligkeit der Verantwortlichen.

§ 12. Durch das Auf- und Abladen von Gütern, durch die Reinigung von Aborten, sowie durch das Niederlegen von Baumaterialien, Kohlen und sonstigen Gegenständen darf der Betrieb der Kleinbahn nicht gehindert werden. Liegt die Bahn nicht in der Mitte, sondern auf einer Seite der Straße, so darf das Aufund Abladen von Gütern, das Niederlegen von Baumaterialien usw. nur auf der entgegengesetzten Straßenseite vorgenommen werden.

Minden, den 4. Februar 1898.

I. D. F a. Nr. 116.

III. Bestimmungen für die Fahrgäste.

§ 13. Die Wagen sowie die einzelnen Abteilungen derselben dürfen nicht mit einer höheren Personenzahl besetzt werden, als in den einzelnen Abteilungen durch Aufschrift bestimmt ist. Fahrgäste, welche einen die zulässige Personenzahl bereits enthaltenden Wagen oder Wagenteil besteigen oder auf Aufforderung des Schaffners oder eines Polizeibeamten, nicht sofort wieder verlassen, sind strafbar. Das Aufsteigen auf einen vom Schaffner als besetzt bezeichneten Wagen, sowie das Stehen in dem für Sitzplätze bestimmten Raume ist verboten.

§ 14. Personen, welche wegen einer sichtbaren Krankheit oder aus anderen Gründen durch ihre Nachbarschaft den Fahrgästen augenscheinlich lästig fallen müssen, Gefangenentransporte, ferner trunkene oder sich unanständig benehmende Personen sind von dem Aufenthalte in den etwa einzurichtenden Warteräumen und von der Mit- und Weiterfahrt ausgeschlossen.

§ 15. Auf Grund des § 14 von der Mit- oder Weiterfahrt ausgeschlossene Personen haben den Wagen auf Erfordern, des Schaffners sofort oder beim nächsten Halten zu verlassen.

§ 16. Geladene Gewehre, feuergefährliche Gegenstände oder solches Handgepäck, welches durch seinen Umfang, durch üblen Geruch oder durch schmutzige Beschaffenheit den Fahrgästen lästig werden könnte, dürfen weder in die Bahnwagen noch in die Bahnhöfe mitgenommen werden.

§ 17. Hunde dürfen nur in abgesonderten Behältnissen mitgenommen werden; doch dürfen kleinere Hunde im Personenwagen mitgeführt werden, wenn die Mitreisenden einverstanden sind.

§ 18. Das Tabakrauchen in der 2. Klasse ist, falls nicht besondere Raucher-Abteile vorhanden sind, nur mit Zustimmung aller Mitreisenden desselben Abteils gestattet.

§ 19. Singen, Pfeifen, Musizieren und Lärmen während der Fahrt und an den Haltestellen ist untersagt, desgleichen das Beschimpfen, Beschreiben und Bemalen der Wagen.

§ 20. Das Besteigen und Verlassen eines in Bewegung befindlichen Wagens, das eigenmächtige Öffnen der Türen, das Stehenbleiben auf den Trittbrettern und den Plattformen, das Hinauslehnen des Körpers aus dem Wagen ist verboten.

§ 21. Auf den Haltestellen darf nur durch die vom Zugführer geöffneten Türen und auf dessen Aufforderung aus- bezw. eingestiegen werden.

§ 22. Die Fahrgäste haben den auf Grund dieser Polizeiverordnung an sie ergehenden Weisungen des Dienstpersonals der Kleinbahn Folge zu leisten. Personen, welche dieselben unbeachtet lassen, können aus dem Wagen entfernt werden.

IV. Strafbestimmungen.

§ 23. Zuwiderhandlungen gegen diese Verordnung werden, soweit nicht auf Grund anderweiter Strafbestimmungen eine höhere Strafe, insbesondere auf Grund der §§ 315 und 316 des Reichsstrafgesetzbuches wegen vorsätzlicher oder fahrlässiger Gefährdung eines Eisenbahntransportes oder Gefängnisstrafe verwirkt ist, mit einer Geldstrafe bis zu 30 Mark bestraft, an deren Stelle im Unvermögensfalle eine entsprechende Haftstrafe tritt.

§ 24. Die in § 23 angedrohte Polizeistrafe trifft auch, soweit nicht anderweitig, eine höhere Strafe androhende Bestimmungen, insbesondere die Strafbestimmung § 316 Abf. 2 des Reichsstrafgesetzbuches wegen fahrlässiger Gefährdung eines Eisenbahntransportes zur Anwendung kommen, die bei der Kleinbahn angestellten Personen, wenn sie die ihnen nach der Konzessionsurkunde und dieser Polizeiverordnung obliegenden Pflichten vernachlässigen.

V. Schlußbestimmungen.

§ 25. Ein Abdruck dieser Polizeiverordnung ist in jedem Wagen, sowie an den beiden Endpunkten der Bahn und in den etwa eingerichteten Warteräumen auszuhängen.

§ 26. Diese Polizeiverordnung tritt sofort in Kraft.

Der Regierungs-Präsident.

v. Bischoffshausen.

Polizei-Verordnung vom 4. Februar 1898 mit interessanten Anweisungen für die Fahrgäste und das Personal.

1898 erließ der Regierungspräsident v. Bischoffshausen, Minden, eine »Polizei-Verordnung«, in der z. B. unter »Bestimmungen für die Fahrgäste« u. a. vermerkt wurde:

§ 16. Geladene Gewehre, feuergefährliche Gegenstände oder solches Handgepäck, welches durch seinen Umfang, durch üblen Geruch oder durch schmutzige Beschaffenheit den Fahrgästen lästig werden könnte, dürfen weder in die Bahnwagen noch in die Bahnhöfe mitgenommen werden.

§ 17. Hunde dürfen nur in abgesonderten Behältnissen mitgenommen werden; doch dürfen kleinere Hunde in Personenwagen mitgeführt werden, wenn die Mitreisenden einverstanden sind.

§ 19. Singen, Pfeifen, Musizieren und Lärmen während der Fahrt und auf den Haltestellen ist untersagt.

Die Baukosten betrugen 604.160,64 Mark und waren damit wesentlich höher als der Voranschlag. Der GMBHV kürzte darum die Rechnung von Herrn Taaks um 3.129,30 Mark.

Der Personenverkehr war im ersten Betriebsjahr (1. Oktober 1897 bis 30. Juni 1898) mit 44.936 Personen höher ausgefallen als vorausberechnet. Der Erzverkehr entsprach den vorherigen Berechnungen, der Stückgut- und Wagenladungsverkehr war hinter den Erwartungen zurückgeblieben, wies aber eine steigende Tendenz aus. Der Überschuß betrug 6.074,76 Mark.

Im Geschäftsjahr 1898/99 – dem ersten vollen Jahr – wurden 65.133 Personen befördert, und der Überschuß betrug nur noch 4.222,- Mark; ein Jahr später war er auf 6.126,- Mark gestiegen und im Jahr darauf sank er auf 2.326,- Mark; der Grund war die geringere Erzförderung der Zeche »Porta« und damit weniger Verladung an der Wallücke.

Am 6. Juli 1903 schrieb der Georgs-Marien-Bergwerks-und Hütten-Verein an den Landrat v. Borries, Herford:

„Im übrigen war meine Mitteilung richtig, daß wir bis heute weder während des Baues noch während des Betriebes außer den Gehältern der in Kirchlengern resp. auf der Bahnstrecke im Betriebe befindlichen Beamten nicht einen Pfennig der Bahn für Verwaltung und Generalkosten in Anrechnung gebracht, und haben wir außerdem in den beiden Jahren 1901 und 1902 12.628,16 Mark größere Lokomotivreparaturkosten der Bahn nicht belastet, sondern zu Lasten des hiesigen Hüttenbetriebes gebucht.
Selbstverständlich behalten wir uns jedoch vor, solche freiwilligen Entlastungen der Bahn aufhören zu lassen, ohne jedoch zur Zeit die Absicht zu haben solches zu tun.
gez. Von Weihe."

Aufgrund dieses Briefes und der nicht gerade problemfreien finanziellen Lage der Wallückebahn senkte man die Gewinnbeteiligung der Kreise. 1904 schrieb die Wallückebahn erstmals rote Zahlen. 1905 erwirtschaftete man aber wieder einen Überschuß in Höhe von 10.528,- Mark, hatte 10 Beamte und 16 Arbeiter, 5 vierachsige Personenwagen mit insgesamt 160 Sitzplätzen und 29 vierachsige Güterwagen.

Gute Jahresgewinne gab es 1906 (26.431,-Mark) und 1907 (19.855,- Mark).

1908 stieg die Zahl der beförderten Personen auf 92.277, dafür ging der Erztransport wieder einmal stark zurück, so daß nur ein spärlicher Überschuß von 1.721,- Mark verblieb; 1909 blieben nur noch 281,95 Mark übrig.

In der Nacht vom 23. zum 24. Dezember 1906 wurde im Bahnhof Kirchlengern der Personenwagen Nr. 3 durch Brand zerstört. Ursache war die Wagenheizung; die Reparatur kostete gut 1.000,- Mark und war durch eine Feuerversicherung gedeckt.

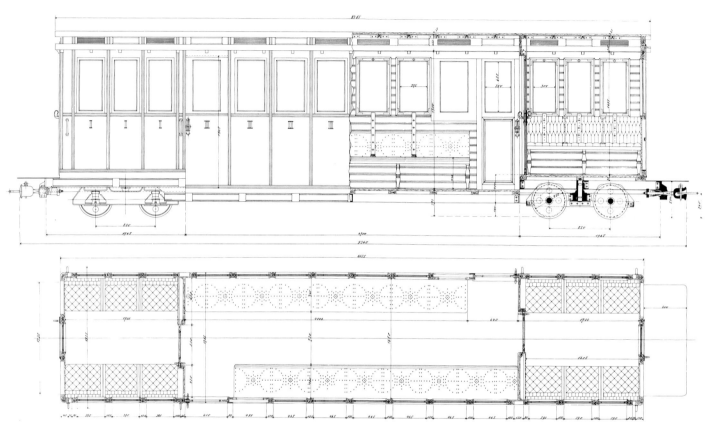

Zeichnung der ersten Personenwagen der Wallückebahn.

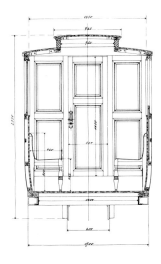

Vierachsiger Personenwagen
mit Central-Buffer.

Stahlwerk Osnabrück, den 15.6.96.

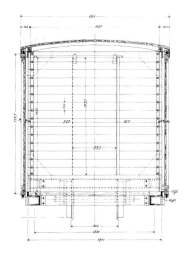

Vierachsiger bedeckter Güterwagen
mit 2 Drehgestellen.

Wallücke-Bahn.

Osnabrück, den 2. September 1895

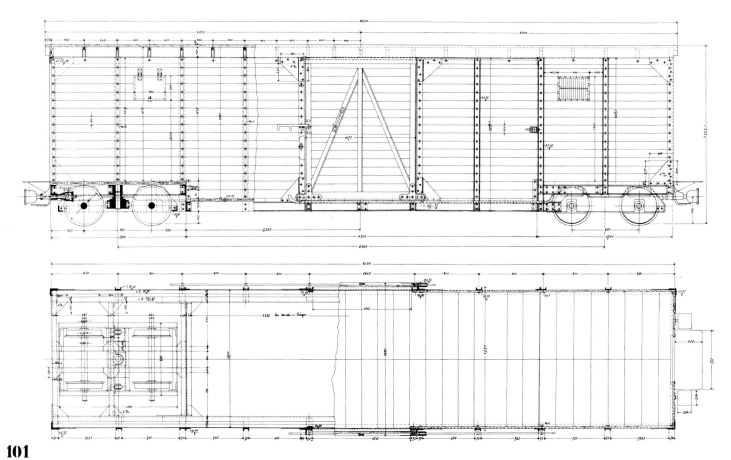

101

Geschlossener Güterwagen.

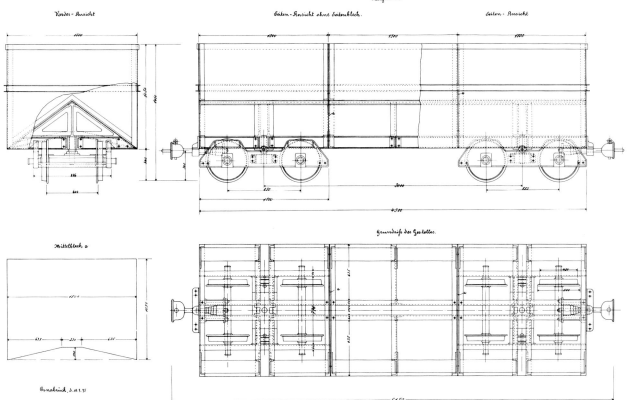

Erztransportwagen

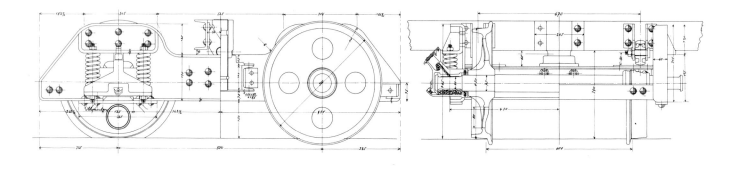
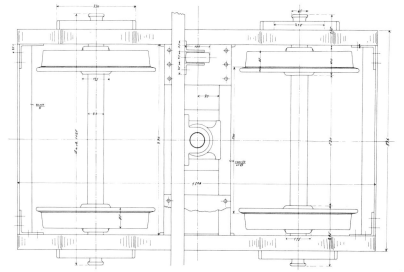

Wallücke Bahn.

Normal-Untergestell.

Maaßstab:
1:3

Stahlwerk Osnabrück.
26.9.95.
Wunderlien

102

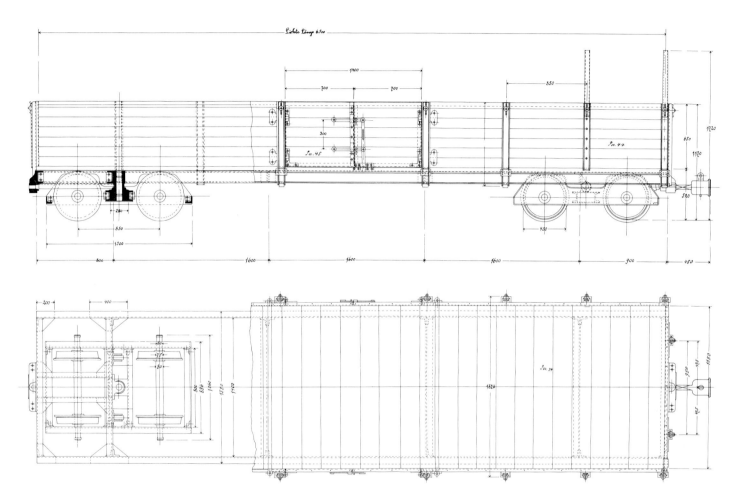

Zeichnung der offenen Güterwagen.

105

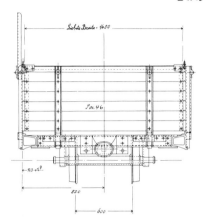

Vierachsiger offener Güterwagen.

Wallücke-Bahn.

Maaßstab

Stahlwerk Osnabrück, den 10.10.1895.
Wunderlich

1902 wurde in Obernbeck eine Ziegelei gegründet, die bald einen Gleisanschluß erhielt. Am 16. Februar 1911 wurde ein Gleisanschluß zur »Stühmeyerschen Sandgrube« in Löhne eingerichtet. Sandtransporte gab es auf der Wallückebahn bereits seit dem Beginn. Maurermeister Chr. Balke, Schnathorst, war der erste Empfänger dieser Wagenladungen. Ansonsten war es in dieser vorwiegend landwirtschaftlich ausgerichteten Gegend recht ungünstig mit Wagenladungs- und Stückgutverkehr.

1909 wurde die Trasse im Bereich Obernbeck – Löhne – Haus Beck verlegt. Die lange Spitzkehre wurde nach dem Umbau auf wenige Meter reduziert, da die Strecke Kirchlengern – Obernbeck (– Haus Beck) nach Süden verlegt wurde. Markscheider Plock vom GMBHV hatte die Pläne ausgearbeitet. Auf dem neuen Streckenabschnitt durfte nur eine Höchstgeschwindigkeit von 15 km/h gefahren werden, während auf der Bahn sonst 20 km/h erlaubt waren; Ausnahmen waren die Ortsdurchfahrten von Obernbeck und Mennighüffen (zwischen Post und Haltestelle), wo nur 12 km/h genehmigt war. Später durfte auch auf dem neuen Streckenabschnitt 20 km/h gefahren werden.

Winterfahrplan 1909/1910.

67 a.	Kirchlengern - Löhne - Wallücke.				(Kleinbahn.)
		I	II	III	IV
km	(Wallücke-Bahn.) Cl.	2-3	2-3	2-3	2-3
0.0	Kirchlengern (Pr.-Bf.) ab	—	6.35	9.55	1.28	—	6 35
3.9	Obernbeck . . . . -	—	6.47	10.07	1.40	—	6 47
4.8	Löhne (Pr.-Bf.) {an ab	—	6.52	10.12	1.45	—	6 52
		—	6.53	10.13	1.46	—	6 53
5.8	Haus Beck . . . -	—	6.58	10.18	1.51	—	6 58
6.9	Mennighüffen . . -	—	7.03	10.23	1.56	—	7 03
7.5	Holzbrede . . . -	—	X7.06	X10.26	X1.59	—	X7 06
8.4	Westscheidt . . . -	—	7.11	10.31	2.04	—	7 11
9.0	Halstern . . . . -	—	7.14	10.34	2.07	—	7 14
10.8	Tengern . . . . -	—	7.21	10.41	2.14	—	7 21
13.4	Schnathorst . . . -	—	7.32	10.52	2.25	—	7 32
14.6	Struckhof . . . -	—	X7.37	X10.57	X2.30	—	X7 37
16.6	Wallücke . . . . an	—	7.45	11.05	2.38	—	7 45

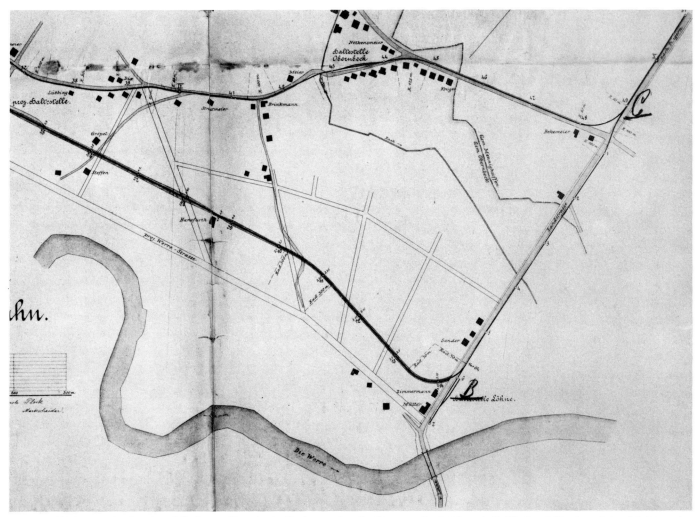

Plan zur Verlegung der Strecke südlich von Obernbeck. Vorher mußte der Zug von Punkt C nach B (Station Löhne) zurückgedrückt werden, was nach Bau der neuen Trasse entfiel.
Staatsarchiv Osnabrück

Telegramm zur »vorläufigen Inbetriebnahme der neuen Gleisstrecke« des Regierungspräsidenten in Minden vom 12. Juli 1909.

Kreisarchiv Herford

„Gepäckmarken" der Wallückebahn dienten zur Verrechnung von Gebühren (u. a. für den Gepäcktransport) und mußten durch Stempel entwertet werden. Marken dieser Art hatten fast alle Bahnen; die der Wallückebahn sind allerdings in einfachster Art hergestellt (Schwarzdruck auf farbigem Papier: 10 Pf = rosa, 20 Pf = blau, 30 Pf = grün). Rechts zum Vergleich Marken der Georgsmarienhütten-Eisenbahn in einer Ausführung, wie sie viele Bahnen benutzten.

≈ **Mennighüffen,** 3. Sept. (Ein aufregender Vorfall) spielte sich gestern nachmittag auf der Chaussee Mennighüffen-Löhne ab. Ein älterer auswärtiger Herr, der einem entgegenkommenden Fuhrwerk auswich, trat auf das Gleis der Wallückebahn, einen herannahenden Zug nicht bemerkend. Der Herr wurde von der Lokomotive angefahren und die hohe Böschung hinuntergeschleudert; ernstliche Verletzungen hat er jedoch dank der Aufmerksamkeit des Lokomotivführers, der den Zug sofort zum Stehen brachte, nicht erlitten.

„Bahnhof" Mennighüffen mit einem Zug der Wallückebahn in Richtung Wiehengebirge. Das Bild aus dem Verlagsarchiv muß bald nach der Jahrhundertwende aufgenommen worden sein, da der Kirchturm noch auf der rechten Seite des Kirchenschiffes steht und der Zustand der Straße noch der Zeit entspricht.

Der Beginn des Ersten Weltkriegs brachte für die Bahn große Veränderungen. Personal mußte Kriegsdienst leisten, der Personenverkehr stieg stark an, der Güterverkehr ließ nach. Die Kosten gingen in die Höhe, und so entstanden Verluste für die Bahn, die am 2. Oktober 1917 den Antrag auf Einstellung des Betriebes vom Regierungspräsidenten in Minden mit folgendem Brief forderte:

„Die Erze der Zeche Porta I sind nur minderwertig. Die Beschaffung der nötigen Materialien und Sprengstoffe und vor allem die Beschaffung der fachmännischen Arbeitskräfte wird immer schwieriger. Der GMBHV legt deshalb zur Zeit keinen Wert darauf, die Zeche Porta I während des Krieges weiter zu betreiben. Wenn aber die Zeche Porta I eingestellt wird, so würde die Wallücke-Bahn noch größeren Zuschuß wie bisher erfordern, da die Erzfrachten aufhören, und es würde der Einstellung auch dieses Betriebes gewichtige Gründe wohl nicht entgegen zu stellen sein. Im Gegenteil sind wir überzeugt, mit unserem Vorschlage den Wünschen und Bestrebungen des Kriegsamtes, was sehr darauf drängt, unergiebige oder weniger ergiebige Betriebe einzustellen., durchaus entgegen zu kommen.
Die Einstellung des Betriebes der Bahn würde aber wiederum Personal freimachen, das zur durchaus notwendigen Ausfüllung des Personals unserer hiesigen Eisenbahn überaus erwünscht wäre, da wir den Betrieb der hiesigen Georgs-Marien-Eisenbahn wegen der starken Einziehung zum Militär kaum noch aufrecht erhalten können; andererseits aber würde auch durch die Einstellung der Wallücke-Bahn Kohlen, Öle und sonstige Materialien gespart, deren Beschaffung ebenfalls kaum noch zu bewirken ist."

Der Regierungspräsident erbat bereits am 6. Oktober von den Gemeinden Stellungnahmen, und am 15. Oktober trafen sich am Bahnhof in Löhne Amtmann Schrakamp aus Löhne; Gemeindevorsteher Kröger, Sanitätsrat Dr. Sprengler, Apotheker Gerold und Sparkassenrendant Schäffer aus Mennighüffen; Amtmann Heuvemann aus Hüllhorst; Gemeindevorsteher Schütte aus Schnathorst.

Man verfaßte eine gemeinsame Resolution mit nachstehendem Text:

„Durch das Unternehmen hat sich der Verkehr der berührten Gegend, welche bisher von jeder Bahnverbindung abgeschlossen war, in dieser Zeit in großartiger Weise gehoben. Größere Zigarrenfabriken, besonders im Amte Hüllhorst, sind entstanden, und eine größere Weberei in Mennighüffen, und zahlreiche Arbeiter fahren alltäglich nach Löhne und Herford zu ihren Arbeitsstellen. Die Landwirtschaft ist in der Lage, mit der Wallücke-Bahn ihre Produkte abzufrachten, und Rohprodukte, wie Kunstdünger, wiederum zu beziehen. Die ganze Kohlenversorgung der dichtbevölkerten Gegend, kann nur auf dem Bahnweg sich vollziehen.
Die Gemeinden des Amtes Hüllhorst sind auf den Arzt und die Apotheke in Mennighüffen angewiesen, und richten sich mit dem Zuge für die Sprechstunden in Mennighüffen ein.
Der Antrag der Georgsmarienhütte kommt uns völlig überraschend, und müssen wir gegen die Absicht, die Bahn zeitweilig eingehen zu lassen, energisch Einspruch erheben, da dies für die ganze Gegend geradezu verhängnisvoll sein würde."

Jetzt gab es mehrfach Einstellungsankündigungen und wieder Rücknahmen derselben. Auch in der Nachkriegszeit und der beginnenden Inflationszeit änderte sich nichts an der schlechten Wirtschaftslage. Vorher, am 23. Mai 1921, teilte die Direktion der Wallückebahn dem Vorstand des GMBHV mit, daß man für 4.000 Mark einen neuen gedeckten Güterwagen, der für die Bagdad-Bahn gebaut worden war, kaufen könne. Am 7. Juni 1921 wurde der Kauf getätigt; der reguläre Preis für solch einen Wagen lag damals bei 20.000,- Mark. Vorausgegangen waren Probefahrten von der Firma Henschel mit Lokomotiven für die Bagdad-Bahn im Ersten Weltkrieg, die wegen des guten Oberbaus hier eine günstige Teststrecke mit den entsprechenden Steigungen vorfand.

Fahrplan der Wallückebahn
gültig vom 1. Novbr. 1917 bis auf weiteres.

Zug I	Zug II P	Zug III P		Stationen		Zug Ia	Zug IIa P	Zug IIIa P
630	953	415	ab	Kirchlengern	an	918	1250	6<u>55</u>
642	1005	427		Obernbeck		906	1236	6<u>42</u>
647	1010	434	an	Löhne	ab	901	1231	6<u>37</u>
648	1011	435	ab	Löhne	an	900	1230	6<u>35</u>
653	1017	440		Haus-Beck		855	1225	6<u>30</u>
658	1023	445		Mennighüffen		850	1220	6<u>25</u>
701	1026	448		Holzbrede (x)		847	1216	6<u>22</u>
706	1033	453		Westscheid		842	1210	6<u>17</u>
709	1037	456		Halstern		833	1207	6<u>14</u>
716	1044	503		Tengern		832	1159	6<u>07</u>
727	1055	514		Schnathorst		822	1148	5<u>57</u>
732	1100	519		Struckhof		817	1142	5<u>52</u>
740	1110	527	an	Wallücke	ab	810	1135	5<u>45</u>

Abfahrt der Staatsbahnzüge von

Löhne	nach	Hameln	1148	141	8<u>22</u>
„	„	Minden	9<u>52</u>	142	6<u>45</u>
„	„	Herford	917	1241	6<u>48</u>
„	„	Bünde-Osnabrück	137 D	155	7<u>17</u>
Kirchlengern	„	Osnabrück	—	208	7<u>25</u>
„	„	Bünde-Rahden	138	516	7<u>15</u>
„	„	Herford	1050	558	10<u>29</u>

Bemerkungen: (x) Hält nur nach Bedarf. Die Nachtzeiten von 6<u>00</u> abends bis 5<u>59</u> morgens sind durch Unterstreichen der Minutenzahlen gekennzeichnet. P Postbeförderung.

Winterfahrplan 1917/18   *Kreisarchiv Herford*

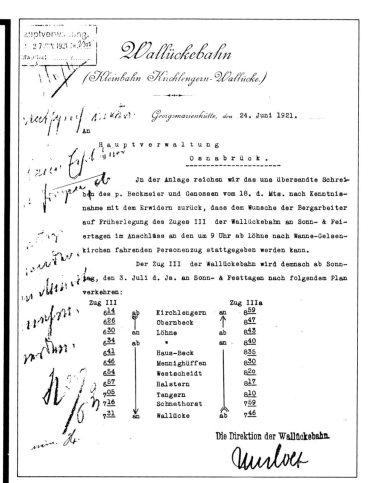

Wegen der Bergarbeiter aus dem Bereich der Wallückebahn trat ab 3. Juli 1921 obige Fahrplanänderung in Kraft.   Kreisarchiv Herford

Ausschnitt aus einer Postkarte mit Sturzgerüst, Bahnhof und Werkstatt- und Lokschuppengebäude in Kirchlengern.

Von Mennighüffen abfahrender Zug der Wallückebahn.
Sammlung K. Herbener

Fahrplan der Wallückebahn
gültig vom 1. Juni 1922 bis auf weiteres.

Zug I	W Zug II	Zug III	Sonnabends, S.- u. Feiert. Zug IV		Stationen		Zug Ia	W Zug IIa	Zug IIIa	Sonnabends, S.- u. Feiert. Zug IVa
630	918	130	600	ab	Kirchlengern	an	902	1248	513	837
645	1003	145	615	an	Löhne	ab	817	1233	458	822
648	1005	148	618	ab	Löhne	an	845	1232	456	820
657	1014	157	627		Mennighüffen		836	1223	447	811
705	1022	205	636		Westscheidt		828	1215	439	803
714	1031	214	645		Tengern		819	1206	430	754
725	1042	225	656		Schnathorst		809	1156	420	743
738	1055	238	709	an	Wallücke	ab	755	1142	408	730

Anschlüsse an Staatsbahnzüge.

Ankunft in Löhne
aus Richtung Hameln
612 952 214 324 442 655 845
aus Richtung Minden
538w 625 738 914 1026 1259 122D 448 530 725 1003
aus Richtung Osnabrück
527 913 1114 120 428w 436D 741 1150
aus Richtung Herford
616 820 952 1241 128 401 441 524Sb. 539Sb. 643 810 900 958

Abfahrt ab Löhne
in Richtung Hameln
652 1035 135 508 550Sb. 747 nicht Sb. 1035
in Richtung Minden
622 823 958 134 303 418 525 645 738 902 1003
in Richtung Osnabrück
1110 133 400 538 710 1057
in Richtung Herford
916Mo. 917 1013 1028 1248Mo. 102 322 450 538 610 743 900S 958 1005 1016 1053D

Ankunft in Kirchlengern
aus Richtung Osnabrück
519 809 905 1104 112 249 420w 732 1140
aus Richtung Bünde-Rahden
525 712 1056 208 556 911S 938
aus Richtung Herford
631 914 138 539 726 1142

Abfahrt ab Kirchlengern
in Richtung Osnabrück
1120 430 400 546 718 1105
in Richtung Bünde-Rahden
631 914 138 539 726 911S 1142
in Richtung Herford
1056 208 556 938

W = Wochentags. S = Sonntags. Mo. = Montags. Sb. = Sonnabends.

Letzter Fahrplan der Bahn unter GMBHV-Regie mit täglichem Zugverkehr.
Kreisarchiv Herford

Am 7. Dezember 1922 beantragte man erneut beim Regierungspräsidenten in Minden die Einstellung der Bahn mit folgendem Brief:

„Wir teilen in Ergänzung mit, daß sich die wirtschaftlichen Verhältnisse der Wallückebahn trotz sparsamster Bewirtschaftung so verschlechtert haben, daß wir erneut den Antrag auf Einstellung stellen müssen. Die in Übereinstimmung mit der Reichsbahn vorgenommenen Tariferhöhungen haben überhaupt nicht oder nur jeweils kurze Zeit die Deckung der Betriebskosten ermöglicht, so daß in diesem Jahre bis jetzt ein Verlust von 75.000 Mark entstanden ist.
Außerdem sind, um den Betrieb der Wallückebahn auf längere Zeit zu erhalten, neben den laufenden Betriebskosten folgende Aufwendungen unbedingt erforderlich:

a. für die Instandsetzung der Lokomotiven rund 1.000.000 Mark,

b. für die Instandsetzung und Beschaffung von Wagen 1.300.000 Mark,

c. für die Instandsetzung des Oberbaues 3.500.000 Mark,

d. für die Instandsetzung der Fernsprechleitung 400.000 Mark und

e. für die Instandsetzung des Gebäudes in Kirchlengern 300.000 Mark,
zusammen 6.500.000 Mark.
Bei 20% Verzinsung und Tilgung ergibt sich hieraus eine jährliche Belastung von mindestens 1.300.000 Mark.
Hierzu tritt der Betriebsverlust, so daß in den nächsten Jahren mit einem jährlichen Fehlbetrag von mindestens 1.400.000 Mark zu rechnen ist, der aber bei weiterer Geldverschlechterung sich noch bedeutend größer gestalten kann. Unter diesen Umständen kann es sowohl aus privat- wie aus volkswirtschaftlichen Gründen nicht verantwortet werden, eine Bahn weiter zu betreiben, deren dauernde Lebensunfähigkeit infolge Abbaues der Eisenerzzeche Porta, für welche die Bahn seinerzeit in erster Linie erbaut wurde, erwiesen ist.

Wir bitten, die Betriebseinstellung der Wallückebahn nunmehr genehmigen zu wollen."

Diese Sätze erinnern doch sehr an heutige Zeiten. Geldbedarf für den Weiterbetrieb muß her – und das nicht zu knapp – das schreckte und schreckt heute noch Politiker, dann ist man viel leichter bereit, die Unterschrift zur Stillegung zu geben, wenn man hohe Summen hört, die (angeblich) unbedingt erforderlich sind, um den Betrieb weiterführen zu können. Nur hatte man 1922/23 nicht die Autobusse, die heute immer herhalten müssen als die „Leistungsverbesserung"; das kam erst später. – Damals hatte man ein schwieriges Problem. Es gab viele junge Männer, die aus dem Raum südlich des Wiehengebirges im Bergbau des Ruhrgebietes Arbeit in dieser schwierigen Zeit gefunden hatten. Die kamen an jedem Wochenende in ihre Heimat zurück und hatten dort im „Kohlenpott" nur eine winzige Schlafmöglichkeit. Diese Arbeiter, die wiederum zur Aufrechterhaltung der Kohlenversorgung wichtig waren, waren auch der Grund, daß der Regierungspräsident in Minden nur eine Teil-Stillegung genehmigte. Die Wallückebahn fuhr ab Februar 1923 nur noch an den Wochenenden.

Haltestelle Westscheidt mit Ladegleis und Güterschuppen und „starkem Verkehr" auf der Straße Löhne – Mennighüffen – Hüllhorst – Lübbecke.
Sammlung K. Bösch

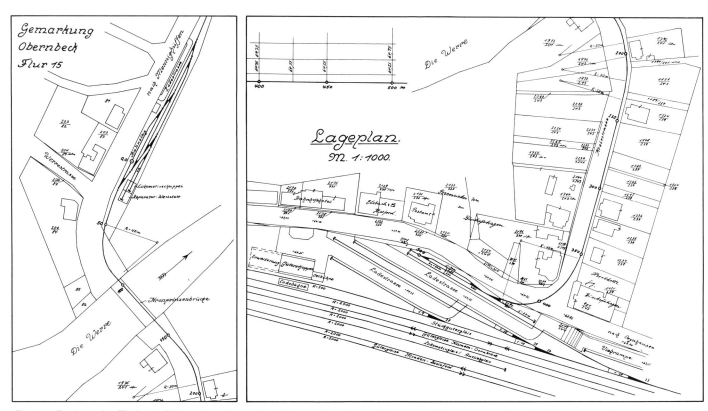

Direktor Paul von den Herforder Kleinbahnen hatte obige Pläne zur Streckenveränderung in Löhne gemacht. Die Wallückebahn sollte bis zum Bahnhof Löhne fahren, und die Reisenden sollten hier bessere Anschlußmöglichkeiten finden als in Kirchlengern.
Kreisarchiv Herford

Direktor Paul von den Herforder Kleinbahnen hatte in dieser Zeit einen Plan ausgearbeitet, in dem das Streckenstück Löhne – Kirchlengern vollständig abgebaut, die Werre überquert und bis zum Bahnhof Löhne gefahren werden sollte. Am 7. Juni 1923 fand eine Ortsbesichtigung in Löhne statt. Aber inzwischen überrollten die Ereignisse diese Planungen. Der Georgs-Marien-Bergwerks- und Hütten-Verein war in die Hände der Klöckner-Werke übergegangen.

Betriebsergebnisse der Wallückebahn während der GMBHV-Zeit

Jahr	Beförderte Personen	Gütertonnen	Einnahmen Personen	Einnahmen Güter	Gesamteinnahmen	Gesamtausgaben	Überschuß *Fehlbetrag*
1897/98	44.936	25.198	9.705	20.741	30.590	24.495	6.095
1898/99	65.133	33.742	13.959	27.966	42.023	37.801	4.244
1899/00	77.765	31.006	14.765	32.789	47.601	46.346	1.255
2.Hj.1900	41.522	17.238	8.116	18.389	26.894	24.002	2.892
1901*	77.268	40.747	15.690	43.057	58.819	52.693	6.126
1902	75.064	29.951	15.858	32.216	48.590	46.264	2.326
1903	76.216	34.908	16.687	37.066	54.375	47.196	7.179
1904	74.285	14.619	16.657	17.934	36.159	47.502	*11.343*
1905	78.739	36.789	17.796	40.842	58.638	48.110	10.528
1906	80.727	46.789	18.219	51.774	76.894	50.463	26.431
1907	86.600	48.096	19.622	53.083	74.999	55.144	19.855
1908	92.277	26.269	20.660	31.578	52.959	51.238	1.721
1909	88.313	25.541	20.231	30.194	50.994	50.712	282
1910	91.433	26.861	21.755	32.784	55.431	47.889	7.542
1911	101.650	24.254	23.414	27.522	51.581	49.716	1.865
1912	111.071	26.392	25.317	30.486	56.191	50.701	5.490
1913	107.248	26.754	25.605	32.486	58.863	55.917	2.946
1914	93.806	20.848	21.818	24.584	48.556	52.622	*4.066*
1915	105.362	14.265	23.315	18.443	42.084	45.028	*2.944*
1916	108.142	14.848	24.352	19.008	44.508	46.352	*1.844*
1917	149.731	13.725	35.576	17.665	54.724	55.758	*1.034*
1918	127.636	5.559	43.435	11.944	57.037	50.355	6.682
1919	132.247	14.146	58.597	33.654	96.834	121.513	*24.679*
1920	110.274	14.875	141.378	91.597	239.289	367.192	*127.903*
1921	115.739	17.334	198.644	253.843	454.843	541.306	*87.282*
1922	116.167	13.996	1.042.691	3.363.717	4.441.028	5.354.197	*913.169*
Zusammen:	2.429.351	644.750	1.893.862	4.395.362	6.359.685	6.933.312	*− 1.060.806*

* Ab 1901 ist das Geschäftsjahr gleich dem Kalenderjahr.
** In den Jahren 1897 bis einschließlich 1918 betrug der Überschuß 113.459 M, von denen 21.231 M Zuschuß abzuziehen sind, so daß der Überschuß für den GMBHV 92.228 Mark betrug.

Die Tarife hinkten hinter der galoppierenden Inflation her. Man konnte die Ausgaben längst nicht mehr mit den Einnahmen decken. Neuerliche Anträge auf Gesamt-Stillegung gingen laufend beim Regierungspräsidenten ein und wurden immer dringender. Am 5. Dezember 1923 ging die heißersehnte Genehmigung zur Einstellung des Gesamtverkehrs bei der Wallückebahn ein. Am nächsten Tag wurde der Bahnbetrieb eingestellt.

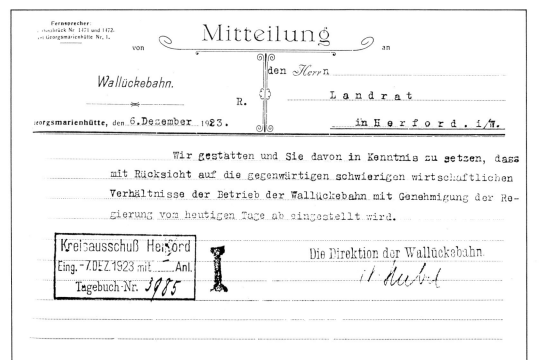

Kreisarchiv Herford

Im Einzugsbereich der Wallückebahn regte sich Widerstand, denn für die Bahn gab es damals keinen Ersatz, außer dem Fahrrad, oder man mußte laufen. Also verfaßten die Gemeindevertreter von Bröderhausen, Holsen, Löhne, Mennighüffen, Oberlübbe, Rothenuffeln, Schnathorst, Tengern, Unterlübbe und Wulferdingsen wieder einmal eine Denkschrift an den Regierungspräsidenten in Minden mit folgendem Inhalt:

„Die Versorgung der Bevölkerung, Schulen und Kirchen mit Brennmaterial und anderer Lebensbedürfnisse wird hierdurch fast unmöglich gemacht. Auch den Zechenarbeitern im Industriegebiet ist die Möglichkeit genommen, ihre Deputatkohlen von der Staatsbahn weiter in ihre Wohnorte zu befördern. Die Folge von der Einstellung wird sein, daß die ganze Gegend in einen Zustand vor etwa 50 Jahren versetzt wird. Es kann als ein großer Fehler an der Bevölkerung bezeichnet werden, einen Eisenbahnbetrieb, welcher 26 Jahre in Funktion gewesen ist und solange die Existenz gehabt hat, plötzlich ohne nähere Angabe von Gründen einzustellen. Zum Mindesten konnte doch erwartet werden, die Erlaubnis zur Betriebseinstellung unter der Bedingung seitens der Regierung für die Georgsmarienhütte mit einer vorherigen Bekanntmachung zu erteilen.
Es liegen mehrere Fälle vor, wo Ladungen von Brennmaterial auf der Staatsbahn im Anrollen war und nun mit großen Kosten und Schwierigkeiten anderweitig untergebracht werden mußte, da eine Weiterbeförderung mit der Wallückebahn rundweg auf Antrag der Interessenten abgelehnt wurde. Es ist nicht nur vertragliche, sondern auch moralische Pflicht den Gemeinden gegenüber, den Betrieb von der Georgsmarienhütte, wenn auch vorläufig in nur beschränktem Umfang, weiterzuführen. Das Deutsche Reich hat jetzt ja aller Ansicht nach, den Höhepunkt der schlechten Zeit erreicht und ist damit zu rechnen, daß Handel und Gewerbe wieder den vorkriegszeitlichen Charakter annehmen und die Existenzmöglichkeiten auch der Kleinbahn wieder eintreten werden. Einen Betriebsverlust überhaupt hat die Georgsmarienhütte nicht zu verzeichnen, sondern bedeutende Überschüsse erzielt. Solange ein Verlust nicht vorhanden ist, ist auch kein Grund vorhanden, einen Teil des Betriebes, welcher hauptsächlich dem Volkswohle dient und keine Überschüsse aufzuweisen hat, einzustellen, solange andere Teile unter selben Leitung den Schaden wieder ausgleichen.

Ob das Volkswohl darunter leidet, andere Existenzen vernichtet und ganze Ortschaften und Gemeinden in einen lahmen, krankhaften Zustand versetzt worden, und das Volk an Gesundheit und Bildung große Rückschritte nimmt, erscheint der Leitung der Georgsmarienhütte gleichgültig. Durch die in den letzten Jahren in dieser Gegend eingetretene Arbeitslosigkeit wird der Arbeiter gezwungen, seinen Lebensunterhalt im Industriegebiet zu erwerben. Es kann keinem Arbeiter zugemutet werden, nach einer angestrengten Arbeit und einer darauf erfolgten Bahnfahrt im überfüllten Zuge noch einen etwa 10–16 km langen Fußweg zu seiner Wohnung zu machen und umgekehrt den Rückweg. Selbst die Angestellten der Wallückebahn sind stark geschädigt. Die meisten davon sind in hiesiger Gegend angekauft und haben hier ihren Wohnsitz. Es wird ihnen anheim gestellt, Arbeit bei der Georgsmarienhütte anzunehmen, dieses ist jedoch mit großen Schwierigkeiten und Unkosten verknüpft, da sie doppelten Haushalt führen müssen. Insbesondere wird an die Regierung die dringende Bitte gestellt, die Genehmigung zu einem Abbruch der Strecke und Zerstörung des Maschinen- und Wagenmaterials, welches die Georgsmarienhütte anstrebt, zu versagen, da Bestrebungen im Gange sind, die Bahn in private Pacht zu übernehmen."

Gastwirt Braun, der den Gasthof »Zur schönen Aussicht« in Wallücke 1920 übernommen hatte, und der nach der Inflation auf gute Geschäftszeiten hoffte, war entsetzt, als er hörte, daß der Betrieb der Wallückebahn total eingestellt werden sollte, mit deren Ausflugsverkehr an Wochenenden er bei der Übernahme der Gastwirtschaft fest kalkuliert hatte.

Nun begannen verstärkte Aktivitäten der Kreise Lübbecke und Herford wegen einer Übernahme der Bahn in eigene Regie der Kreise.

Der Kreis Lübbecke schrieb am 22. April 1924 an den Regierungspräsidenten in Minden:

„Gleichwohl haben, in Erkenntnis und Wichtigkeit auch der finanziellen Seite der Sache, schon damals die Kreise Herford und Lübbecke Verhandlungen mit der Georgs-Marien-Hütte eingeleitet, die eine Beteiligung beider Kreise an dem Unternehmen zum Ziele hatten. Diese Verhandlungen erschienen auch zunächst ganz aussichtsreich zu stehen, wurden dann aber von der Bahneigentümerin im Wege des ‚passiven Widerstands' beendet.

Es soll keineswegs bestritten werden, daß die Verhältnisse damals für die Bahneigentümerin so ungünstig lagen, daß die getroffene Maßnahme notwendig gewesen sein mag.

Seitdem hat aber die Festigung des Goldwertes einen solchen Umschwung der wirtschaftlichen Lage gerade für die Kleinbahnen gebracht, daß eine erneute Prüfung unbedingt geboten erscheint. Man kann es ohne Zweifel der Bahneigentümerin nicht verdenken, daß sie ihrem privatwirtschaftlichen Nutzen folgend, die Stillegung und (das ist zweifellos das eigentliche Ziel) den Abbruch der Bahn betreibt. Handelt es sich doch für sie nicht nur um die eigentlichen Betriebsverluste, sondern auch um das - privatwirtschaftlich betrachtet - brachliegende Kapital, das sie gerne veräußern oder sonst nutzbar verwenden möchte. Der volkswirtschaftliche Nutzen der Bahn ist für ihr Gebiet ein sehr erheblicher. Und in diesem Widerstreit der Interessen dürfte der Vorrang dem öffentlichen Interesse gebühren.

Ich bitte die politische Auswirkung zu bedenken, die es haben muß, wenn die hier beteiligte Bevölkerung mit einem gewissen Recht den Eindruck gewönne, daß die öffentlichen Interessen ihres Bezirks immer dem privaten Nutzen eines Konzerns zurückgesetzt würden."

Am 18. Dezember 1924 verhandelten Vertreter der Klöckner-Werke mit Kommunalvertretern. Klöckner forderte 50.000,- Mark für die Wiederinbetriebnahme, und am 28. Januar 1925 verhandelten - wiederum in Löhne - die Kreisvertreter mit den Direktoren Haarmann und von Holt der Klöckner-Werke, die den Wert der Bahn mit 245.000,- Mark angaben und den Kreisen empfohlen hatten, diese Summe mit einer jährlichen Rate von 18.000,- Mark bis zum Jahre 1947 abzuzahlen. Nach harten Verhandlungen ermäßigte sich die jährliche Summe auf 4.500,- Mark, zahlbar bis zum 1. Januar 1946.

Die Oberpostdirektion Minden teilte am 25. April 1925 mit, daß man eine Kraftpostlinie als Ersatz für die Wallückebahn einrichten wolle, wenn nicht bald ein Vertrag zum Weiterbetrieb der Bahn abgeschlossen würde. Unter diesem Druck entstand der »Gesellschaftsvertrag über die Kreisgesellschaft Wallückebahn«.

Beteiligt waren der

Kreis Lübbecke   mit 45%
Kreis Herford   mit 35%
Kreis Minden   mit 20%

Am 15. Oktober begann der erneute Betrieb der Wallückebahn, nachdem die Klöckner-Werke die Lok 6 für 5.746,- Mark, Lok 7 für 7.640,- Mark und den Ersatzkessel für 3.019,- Mark repariert und hauptuntersucht hatten. Die Kreisgesellschaft fand diese Preise überhöht und bezahlte nur 2.600,- Mark, 4.130,- Mark und 2.500,- Mark.

Mit der Übernahme der Bahn durch die Kreise erfolgte auch eine Reduzierung des Personals. Außerdem mußte die Genehmigungsurkunde durch einen Nachtrag erweitert werden.

Fahrplan der Wallückebahn
gültig vom 4. Oktober 1926.

	7:02	7:57	11:36	—	3:16	7:22	ab Osnabrück an		9:19	12:08	2:50	6:18	10:13
Anschlüsse an die Reichsbahn	5:13	5:13	9:05		4:17	4:17	ab Rahden an		10:16		3:08	7:13	10:13
		8:38			5:24	6:18	ab Herford an		11:19	11:19	2:17	6:18	10:13
	7:02	8:11	8:56 7:02 9:06	10:55 12:52	5:42 5:55 4:29	7:25 5:55 8:18	an Kirchlengern Reichsbahn ab		10:56 8:57 8:03	10:56	10:53	1:58 1:37 1:43	5:56 5:43 5:30	10:13	9:22
km	W 1	S 1a	3	S 3a	W 5	S 5a	Stationen	W 2	S 2a	4	6	S 6a
0,0	8:27	9:52	1:37	—	7:00	9:00	ab Kirchlengern an	7:51	9:23	1:01	W 5:31	8:20
4,8	8:43	10:08	1:53	—	7:16	9:16	an Löhne ab	7:35	9:07	12:45	5:15	8:04
	5:13	6:00		3:16	5:24	7:11	ab Hameln an	11:51	11:51		6:13	9:13
Anschlüsse an die Reichsbahn	7:23	8:38	12:17	4:33	6:11	6:11	ab Minden an	8:58	10:38	1:36	6:13	9:13
	8:10	8:10	1:20	4:27	6:11	8:11	ab Herford an	7:50	9:31	1:15	5:35	9:13
	8:04	8:59	12:45	4:22	4:22		ab Bünde an	8:10		1:50	5:46	9:13
	8:19 8:21 7:49 7:02	9:14 8:21 9:14 7:32	1:00 1:31 12:02 —	4:37 4:38 5:08 4:38	4:37 6:11 7:11 6:11	8:11 8:11 7:11 8:11	an Löhne Reichsbahn ab	7:55 7:38 8:21 10:33	10:45 9:19 10:10 10:33	1:15 1:04 12:57 1:30	5:10 5:23 6:13 5:11	9:21 8:21 8:12 8:13
4,8	8:50	10:10	2:00	5:25	7:25	9:20	ab Löhne an	7:20	9:05	12:30	5:00	8:00
5,8	8:55	10:15	2:05	5:30	7:30	9:25	ab Haus Beck ab	7:15	9:00	12:25	4:55	7:55
6,9	9:00	10:20	2:10	5:35	7:35	9:30	ab Mennighüffen ab	7:10	8:55	12:20	4:50	7:50
8,4	9:07	10:27	2:17	5:42	7:42	9:37	ab Westscheidt ab	7:02	8:47	12:10	4:42	7:42
9,0	9:10	10:30	2:21	5:45	7:45	9:40	ab Halstern ab	6:59	8:44	12:07	4:39	7:39
10,8	9:18	10:38	2:31	5:53	7:53	9:48	ab Tengern ab	6:52	8:37	11:59	4:32	7:32
13,4	9:29	10:49	2:45	6:04	8:04	9:59	ab Schnathorst ab	6:42	8:27	11:48	4:22	7:22
16,6	9:41	11:01	2:57	6:16	8:16	10:11	an Wallücke ab	6:30	8:15	11:35	4:10	7:10
	W	S		S	W	S		W	S			S

W — Zug verkehrt nur an Werktagen. **S** — Zug verkehrt nur an Sonn- und Feiertagen.

Bemerkungen.
1. Die Zeiten von 6:13 abends bis 5:13 morgens sind durch Unterstreichung der Minutenzahlen gekennzeichnet.
2. Die Anschlüsse sind in kleinerem Druck angegeben.
3. Für die angegebenen Anschlüsse wird keine Gewähr geleistet.

Herford, im September 1926.

Kreisgesellschaft Wallückebahn.

Winterfahrplan 1926/27 der »Kreisgesellschaft Wallückebahn«.   *Kreisarchiv Herford*

Station »Haus Beck« mit der Gastwirtschaft Becker-Krug, wo im Haus – wie damals in den ländlichen Gegenden üblich – auch eine Landwirtschaft betrieben wurde.
Verlagsarchiv

Folgende Vermögensaufstellung erfolgte am 31. März 1925:

Grundstücke:		
Kirchlengern	1.170 m²	
Obernbeck	1.726 m²	
Mennighüffen	674 m²	
Tengern	4.188 m²	
Schnathorst	1.596 m²	6.467,- Mark
Gebäudewert		18.803,- Mark
Oberbau		16.100,- Mark
Brücken und Durchlässe		500,- Mark
Betriebsmittel		10.100,- Mark
Fernsprechanlage		240,- Mark

Die Entwicklung der Wallückebahn verlief bis zum Ende der zwanziger Jahre günstig, die Überschüsse stiegen, man konnte die Raten an Klöckner davon pünktlich zahlen. Der Personenverkehr war gut; Sonderzüge wurden bestellt, und oftmals mußten die Fahrgäste in Güterwagen auf einfachen Gartenbänken sitzen.

Fahrplan 1929

2355	Kirchlengern—Wallücke.								
im Kirchlengern ab	.	S 8·16	W8·20	...	13·35	.	...	W19·15	...	S20 55	...
5 Löhne Klbf.	.	) 8·35	) 8 40	...	) 13·55	.	...	) 19·35	...	) 21·15	...
17 **Wallücke** an	.	S 9·20	W9·37	...	14·46	.	...	W20·26	...	S22 06	...
Wallücke ab	...	...	...	) 6·30	...	...	.	W11·35	S11 50	...	W16·00	...	S19 20
Löhne Klbf.	...	...	...	7·25	...	...	...	12·50	12·45	...	) 17·10	...	) 20 14
Kirchlengern an	...	...	...	7·41	...	...	...	W13·06	S13 01	...	W17·26	...	S20 30
Zwischenstationen	7 Mennighüffen, 11 Tengern, 14 Schnathorst

»Haus Beck« mit Zug nach Löhne/Kirchlengern.
Verlagsarchiv

Ein Personenzug mit einem Personen- und einem Pack-/Postwagen zwischen Halstern und Tengern kurz nachdem die Trasse die Seitenlage der Straße verlassen hatte.
Verlagsarchiv

Mennighüffen in den dreißiger Jahren. Der Kirchturm ist auf die andere, die östliche Seite versetzt worden.
Verlagsarchiv

Kleinbahndirektor Paul sandte dem Ausschuß für die Wallückebahn im Herforder Kreistag einen Bericht, daß die damalige Gewerkschaft, der »Deutsche Metallarbeiter-Verband«, auf den Abschluß eines Tarifvertrages für die Bahnbediensteten drängte. Er schrieb:
"Nach Lage der Sache werden wir m. E. um den Tarifvertrag nicht herum kommen. Unter diesen Umständen würde ich empfehlen, daß die Wallückebahn sich dem Arbeitgeberverbande der Deutschen Straßenbahnen, Kleinbahnen und Privateisenbahnen in Berlin anschließt. Der Anschluß wird ihr etwa 120,- RM kosten."

Der Tarifvertrag wurde abgeschlossen und die Beschäftigten erhielten nun 83% der Reichsbesoldung. Diese Regelung war im Reichsbesoldungsgesetz für wirtschaftlich nicht leistungsfähige Betriebe zulässig. Bahnverwalter Altenhain bekam anstelle der früheren 3.600,- jetzt 2.717,42 RM jährlich; Streckenaufseher Pfingsten 2.219,-RM (früher 3.480,- RM) und die Lokomotivführer Meyer und Horstmann erhielten nun 3.342,24 RM, das war etwas mehr als vorher.

Neben dem Post-/Packwagen steht ein Handkarren mit Postsäcken und Paketen. Im Postabteil der Wallückebahn erhielten die eingehenden Postsendungen den untenstehenden Bahnpoststempel.
Sammlung H. Lohmann

Wallückebahn

Frachtbrief/Karte Nr. 5781 von Schnathorst nach Bonn

Nachnahmebegleitschein Nr. 471

Auf dem laut Frachtbrief vom 15ten August 1934

von *Fritz Kirchhoff Nachf. i. Schnathorst g. Löhne*
(Name, gegenfalls auch Adresse des Absenders)

zur Beförderung an *Karl Stüven Fahrradhandl.*
(Name des Empfängers)

in *Bonn a. Rhein* aufgegebenen Gute haften
(Bestimmungsstation)

Zwanzig ℛℳ.

Die Bezahlung dieser Nachnahme ist umgehend hierher anzuzeigen.

..........., den 15ten 8 19 34

(Stationsstempel)
Wallückebahn
Kirchlengern
15. AUG. 1934
V.B.Nr. ✗ E.B.Nr.

Die Eilgut-/Güterabfertigung.
(Unterschrift)

Obiger Nachnahmebetrag von 20 ℳ 00 ₰ ist am .... eingezahlt worden.

..........., den ten 19

(Stationsstempel)
Bonn 15
22.8.34

Nr. 3284 Nachnahmebegleitschein.

Die Eilgut-/Güterabfertigung.
(Unterschrift)

Nachnahmebegleitschein der Fahrradständerfabrik Fritz Kirchhoff in Schnathorst, die in den dreißiger Jahren ein guter Kunde der Wallückebahn geworden war.   Verlagsarchiv

Lokomotive 6 (II) mit Lokführer Thies, Kirchlengern, und Heizer Sasse, Löhne. Rechts am Post-/Packwagen ist der Briefkasten zu sehen, der am Postabteil angebracht war.
Verlagsarchiv

1929 erwirtschaftete die Wallückebahn einen Gewinn von 7.040,40 RM; ein Jahr zuvor gab es einen Fehlbetrag von 1.396,17 RM; 1930 war am Jahresende ein Plus von 6.748,79 RM erreicht. Ab 1932 begann der Niedergang der Bahn, der 1936 mit dem für unsere heutige Zeit lächerlichen Fehlbetrag von 7.100,- Reichsmark seinen Höhepunkt erreichte.

Im Juli 1934 wurde noch einmal überlegt, ob die Zeche »Porta I« wieder aufgemacht werden sollte, aber der geringe Erzgehalt stand diesen Plänen entgegen. Trotz der großen Bestrebungen des Nazi-Regimes, vom Ausland unabhängig zu sein wegen der damals schon begonnenen Kriegsvorbereitungen, blieb es bei diesem Entschluß.

Im Mai 1935 wurde Dipl.-Ing. Möhle Nachfolger von Dr.-Ing. Vossius als Geschäftsführer. Die Ausgaben konnten noch einmal durch Personaleinsparungen gesenkt werden. So entließ man den Bahnverwalter und führte den schaffnerlosen Betrieb ein. Das war nur möglich, weil das Lokomotivpersonal auch die Fahrkarten verkaufen und kontrollieren mußte.

Die Wallückebahn neben der Straße Löhne-Hüllhorst. Verlagsarchiv.

Zug- und Lokpersonal der Wallückebahn mit Fahrgästen.

Personenzug in Richtung Wallücke fährt aus Westscheidt aus.
Verlagsarchiv

Auch die Wallückebahn wird als Werbeträger für das Nazi-Regime eingesetzt.
Sammlung Foto-Kaase

Unten zwei Fotos vom Endpunkt Wallücke aus der Sammlung von Kurt Herbener.

Postkarte aus Schnathorst mit einem Erzzug der Wallückebahn. Sammlung K. Bösch

Zug der Wallückebahn ist am Endpunkt vor der Gaststätte »Zur schönen Aussicht« angekommen.

Sammlung Foto-Schäffer, Löhne

Ein Personenwagen aus der ersten Serie im Ursprungszustand.

Sammlung K. Herbener

Dampflokomotive Nr. 7 mit Lokführer und Heizer.
Verlagsarchiv

Erzwagen der Wallückebahn.

Sammlung K. Herbener

Winterfahrplan 1933/34

			W	S				W	S	W	S	W	S
—	8^{20}	13^{35}	19^{05}	21^{18}	ab	Kirchlengern	an	7^{41}	8^{02}	13^{06}	12^{52}	17^{26}	20^{41}
—	8^{33}	13^{48}	19^{18}	21^{30}	„	* Obernbeck *	ab	7^{29}	7^{50}	12^{54}	12^{40}	17^{14}	20^{29}
—	8^{36}	13^{51}	19^{21}	21^{33}	an	Löhne	„	7^{25}	7^{46}	12^{50}	12^{36}	17^{10}	20^{26}
—	7^{46}	12^{17}	18^{39}	20^{13}	ab	Minden	an	8^{50}	8^{50}	13^{42}	13^{42}	18^{04}	21^{04}
—	7^{48}	12^{31}	18^{37}	20^{24}	„	Bünde	„	8^{06}	8^{33}	13^{52}	13^{52}	17^{57}	21^{38}
—	8^{40}	13^{55}	19^{25}	21^{35}	ab	Löhne	an	7^{20}	7^{45}	12^{30}	12^{35}	16^{50}	20^{25}
—	8^{44}	14^{00}	19^{30}	21^{40}	„	Haus Beck	ab	7^{15}	7^{41}	12^{25}	12^{31}	16^{45}	20^{21}
—	8^{49}	14^{05}	19^{35}	21^{44}	„	Mennighüffen	„	7^{10}	7^{37}	12^{20}	12^{27}	16^{40}	20^{17}
—	8^{56}	14^{12}	19^{42}	21^{50}	„	Westscheidt	„	7^{02}	7^{31}	12^{13}	12^{21}	16^{32}	20^{11}
—	8^{59}	14^{15}	19^{45}	21^{53}	„	Halstern	„	6^{59}	7^{28}	12^{10}	12^{18}	16^{29}	20^{08}
—	9^{07}	14^{23}	19^{53}	22^{00}	„	Tengern	„	6^{52}	7^{21}	12^{03}	12^{11}	16^{22}	20^{01}
—	9^{18}	14^{34}	20^{04}	22^{10}	„	Schnathorst	„	6^{42}	7^{11}	11^{53}	12^{01}	16^{12}	19^{51}
—	9^{24}	14^{40}	20^{10}	22^{16}	„	* Struckhof *	„	6^{37}	7^{06}	11^{47}	11^{56}	16^{07}	19^{46}
—	9^{30}	14^{46}	20^{16}	22^{21}	an	Wallücke	ab	6^{30}	7^{00}	11^{40}	11^{50}	16^{00}	19^{40}

* Bedarfshaltestellen.

85

Gruss aus Wallücke b. Bergkirchen — Buchenberg, Zechenplatz und Eingang zum Eisenstein Bergwerk. Restauration „zur schönen Aussicht" von Fr. Wegener.

Wallücke Bahn Lied II.
Mel: Hepp, hepp, Hurrah!

Da wo Westfalen's Eichen steh'n
Wo's Kaiser-Denkmal winkt —
Hervorragt zu den stolzen Höh'n —
Ein deutsches Lied man singt.
Die Gegend ist jetzt neu belebt
Seitdem Wallücker Bahn
Und der Verkehr sich täglich hebt:
Drum stimmt das Lied jetzt an:
  „Das ist die Kleinbahn der Wallücke
  Hepp, hepp, hurrah, hepp, hepp, Hurrah
  Ein Musterwerk in jedem Stücke.
  Hepp, hepp, Hurrah, hepp, hepp, Hurrah

Mit Tengern und mit Obernbeck
War's früher schlecht bestellt,
Westscheidt ein unbekannter Fleck
Halstern lag aus der Welt,
Jetzt bringt das Dampfross elegant
Von Leipzig und Berlin,
Nach jedem Ort, der hier genannt
Uns fein mit Hurrah hin:
  :,: Das ist die Kleinbahn der Wallücke,
  Hepp, hepp, Hurrah, hepp, hepp, Hurrah
  usw.

Drum freu'n wir uns und sind fidel
Dass uns dies Werk gelang,
Solch eine Bahn ist ein Juwel —
Ihr gelte unser Sang.
Die Kleinbahn in Bescheidenheit
Hat richtig doch gesiegt,
Drum rufen ins Gelände weit
Wir deutlich nun vergnügt:
  :,: Das ist die Kleinbahn der Wallücke,
  Hepp, hepp, Hurrah, hepp, hepp, Hurrah
  usw.

Postkarte mit Abbildung der Erzverladung und dem „Wallückebahn-Lied Nr. 2". Sammlung Foto-Schäffer, Löhne

Lokomotive 7 in Wallücke mit Personal und Fahrgästen. *Verlagsarchiv*

Sommerfahrplan 1936

189 f Kirchlengern-Löhne-Wallücke (Kleinbahn)

						km								Weitere Halte in:
8.10	...	13.35	17.25	...	...	S21.10	km	ab Kirchlengern 197. 197a an	7.40	...	w13.06	S12.40	16.55	...	S20.40	km 4,0 xObernbeck · km 5,8
8.30	...	13.55	17.45	w19.45	...	)21.25	4,8	♥ Löhne 192. 193	7.25	...	)12.50	)12.25	16.40	w19.35	)20.25	HausBeck · km6,9 Mennighüffen · km7,5xHolz-
8.50	...	14.15	18.05	)20.05	...	)21.42	9,0	♥ Halstern	7.00	...	)12.10	)12.08	16.00	)19.15	)20.08	brede · km 8,4 Westscheidt · km 10,8 Tengern
9.20	...	14.46	18.36	w20.36	...	)22.10	16,6	an Wallücke .... ab	6.30	...	w11.40	S11.40	15.30	w18.45	S19.40	km 13,4 Schnathorst · km 14.8 xStruckhof.

Vier Bilder von Personenwagen der Wallückebahn, von denen die Innenaufnahme mit dem Kohleofen sehr interessant ist.
Sammlung K. Herbener (3), Verlagsarchiv

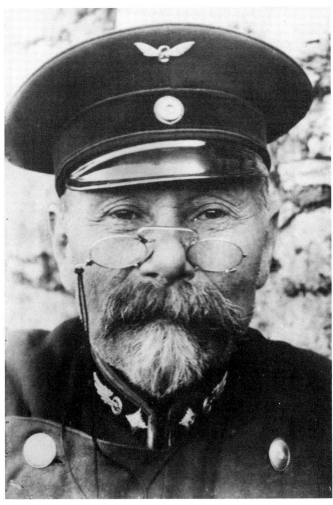

*Zugführer Borchard aus Mennighüffen.
Sammlung Foto-Schäffer, Löhne*

Die Stillegung der Bahn nahte. Ungünstig waren die noch zu zahlenden zehn Jahresraten von jeweils 4.500,- RM und die noch vorhandenen 15 Mitarbeiter, die durch die voraussichtliche Arbeitslosigkeit Kosten verursachen würden. Das konnte sicherlich der Verkauf der Anlagen und Betriebsmittel nicht ausgleichen.

EMR und Post richteten inzwischen Buslinien in den entsprechenden Gebieten um die Wallückebahn ein und sorgten so für ein jetzt doch schnelles und unerwartetes Ende der Bahn.

Eine im März 1936 vertraulich durchgeführte Umfrage bei den Bürgermeistern und Nazi-Ortsgruppenleitern ergab, besonders bei den Orten unterhalb des Wiehengebirges, die immer noch verkehrsmäßig unterversorgt waren, den „einhelligen und dringlichen Wunsch nach Aufrechterhaltung des Betriebes der Bahn."

Am 25. November 1937 endete dann doch überraschend der planmäßige Eisenbahnverkehr auf der Wallückebahn, und am 7. Dezember 1937 fuhr dann letztmalig ein Zug zum Abschied des »Wallücker Willems«. Überraschend, weil es eigentlich nicht mehr in das Konzept der damaligen Machthaber paßte, Eisenbahnen stillzulegen. Einer ganzen Reihe von Kleinbahnen wurde die Stillegung verweigert, z. B. mußte auf der Strecke Kutenhausen – Wegholm der Mindener Kreisbahnen der meterspurige Betrieb aufrecht gehalten werden. Warum man bei der Wallückebahn die Einstellung genehmigte, ist nicht bekannt. Vielleicht war man bei der 60-cm-Spur eher bereit zuzustimmen.

Das verwertbare Material wurde bei den Klöckner-Werken verschrottet. Nach Abzug aller Verbindlichkeiten verblieb noch ein Guthaben von 21.700,- RM.

Die Wallückebahn vor der Gaststätte »Zur schönen Aussicht« mit Lokomotive Nr. 7 im Jahre 1937.
Sammlung K. Herbener

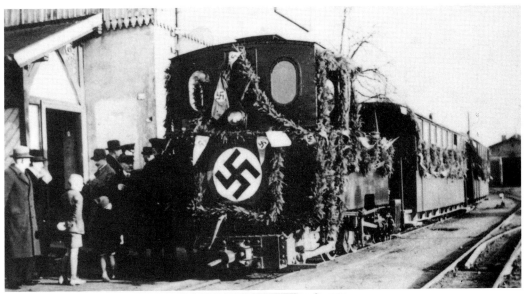

Der Zug der „allerletzten" Fahrt am 7. Dezember 1937 nach der Ankunft in Kirchlengern.

Sammlung Kammeyer

Anekdoten vom »Wallücker Willem«

Onkel Karl erinnert sich

„Junge, dat diu nich wie'er afspringst!" An diese Mahnung des alten Borcherts, der als Schaffner die Autoritätsperson im »Wallücker Willem« darstellte, hat sich Onkel Karl aus Obernbeck jedoch nie gehalten. Die Versuchung, aus dem fahrenden Zug zu springen, der an der Haustür seines Elternhauses vorbeiratterte, war jedesmal zu groß. Die Geschwindigkeit der Bahn barg jedoch keine Gefahr in sich.

Um die rasende Geschwindigkeit geht es auch bei der folgenden Geschichte, die Onkel Karl eines Tages erzählte: „Wenn ein Verwandter aus Hüllhorst uns mit seiner Frau besuchen wollte, dann gingen die beiden zu Fuß nach Tengern. Dort setzte er seine Frau in den Zug und verabschiedete sich: ‚Dann bit Leuhne'. Während die Frau gemütlich nach Löhne fuhr, machte er sich auf Schusters Rappen auf den Weg, um die 40 Pfennig für das Fahrgeld zu sparen. Nach der Ankunft der Frau bei uns dauerte es nicht lange, bis mein Hüllhorster Verwandter auch eintraf." In diesem Zusammenhang fiel ihm ein, daß er selbst einmal mit seinem Fahrrad mit »Willem« um die Wette gefahren war. Onkel Karl blieb Sieger!

Beliebt war die Wallückebahn als Transportmittel bei Ausflügen von Vereinen. An einem Himmelfahrtstag hatten sich anscheinend alle Löhner und Kirchlengerner Vereine verschworen und wollten mit dem Wallücker Willem rausfliegen. An der kleinen Steigung zwischen Tengern und Schnathorst kam die Lokomotive langsam aber sicher in Atemnot. Der Heizer stieg schließlich aus und streute Sand auf die Schienen, damit die kleinen Räder der Lok besser greifen konnten. Aber dann war auch er mit seiner Kunst am Ende. Schaffner Borchert mußte in die Waggons gehen und den Fahrgästen ankündigen: „Aussteigen und schieben." Erleichtert von der Last schaffte der Zug den Berg jedoch alleine.

Was wäre das für eine schöne Strecke für eine der 60-cm-Museumseisenbahnen gewesen, die heute alle nur auf später errichteten Strecken und Rundkursen fahren. Aber wer hat 1937 schon an Museums-Eisenbahnen gedacht? Dampfzüge gehörten zum Alltag. Wie würden die Fremdenverkehrs-Betriebe dieser Region glücklich sein, wenn man hier heute solch eine Attraktion anzubieten hätte!

Dampflokomotiven der Wallückebahn

Betr.-Nr.	Hersteller	Fabr.-Nr.	Baujahr	Bauart	Dienstgewicht	Bemerkungen
1	Jung	248	1897	B'B'n4vt	20 t	1906 an Wirsitzer Kreisbahn verkauft, weiterer Verbleib unbekannt. Heizfläche 50 qm, Rostfläche 1 qm, Treibraddurchmesser 700 mm, 1,95 cbm Wasser, 0,9 t Kohle
2	Jung	249	1897	B'B'n4vt	20 t	wie Nr. 1
3	Hanomag	1305	1875	Bn2t		ex Georgsmarienhütte, um 1900 zur Wallückebahn gekommen, Rangierdienst, ca. 1920 verschrottet
4	Hagans	385	1897	B'B'n2t		1917 verschrottet
5	Hanomag	1308	1875	Bn2t		ex GMH, um 1900 zur Wallückebahn, ca. 1920 †
6	Hanomag	1309	1875	Bn2t		ex GMH, um 1900 zur Wallückebahn, 1901 †
6 (II)	O & K	890	1901	B1n2t	14 t	Treibraddurchmesser 750 mm, Laufraddurchm. 450 mm, Heizfläche 30 qm, Rostfläche 0,66 qm, Zylinderdurchm. 240 mm, Kolbenhub 350 mm, 80 PS, 1938 †
7	O & K	891	1901	B1n2t	14 t	wie Lokomotive 6 (II)

Ein Foto von der Wirsitzer Kreisbahn aus dem Jahre 1941. Rechts sieht man eine Günther-Meyer-Lokomotive, die 1906 von der Wallückebahn angekauft wurde. Die Wirsitzer Kreisbahn hatte ihr Streckennetz in der Nähe von Bromberg (heute Bydgoszcz in Polen). Verlagsarchiv

Die Trasse der Wallückebahn zwischen Mennighüffen und Tengern in der heutigen Zeit.

Heute lebt die Wallückebahn nur noch als Erinnerung an eine gemütlichere, aber sicher nicht immer angenehmere Zeit. Ein Schmalfilm von der Bahn ist erhalten geblieben. Auch der alte Bahnhof in Kirchlengern steht fast unverändert, und manche Trassenführung ist noch zu erkennen. In Schnathorst erinnert eine Straße „Am Bahnhof" an die Wallückebahn. Leider ist ein Fahrzeug der Bahn nicht erhalten geblieben. Dafür verhältnismäßig viele gute Fotos und einige wenige Erinnerungsstücke.

Literaturhinweise

Dost, Paul
Die Schmalspurbahn Nr. 17/1970

Hülsmann, Lothar/Scheidemann, Wilfried
Die Eisenbahnen der Georgs-Marien-Hütte
Uhle & Kleimann, Lübbecke, 1985

Wolff, Gerd
Deutsche Klein- und Privatbahnen, Teil 3
Zeunert, Gifhorn, 1974

Verschiedene Tageszeitungen

Ein großer Dank gilt auch den ersten Informanten, die z. T. schon 1972 Material über die Wallückebahn lieferten:

Eduard Meyer, Lübbecke 3 (Gehlenbeck)
A. Spühr jr., Osnabrück
K. Voigt, Hiddenhausen 2